あなたの会社を一瞬で〝売れる会社〟に変えるバーター取引のすすめ

野崎 一文

明窓出版

はじめに

私が初めてバータークラブを知ったのは、もう30年も前のことになります。米国のビジネス・エクスチェンジ社というナスダック上場会社が日本に子会社を設立するという記事を読んだのが、最初の出会いでした。一体何をやる会社なのかと読み進めて行くうち、反射的に、ものすごい衝撃が走ったのを今でもよく覚えています。これは凄い会社が在ったものだ、自分でも何とか参加できないものかと考えました。

ちょうど、ダイヤモンドビジネスを起業しようと準備をしていた時期でしたので、会社設立と同時に会員として参加しました。

それからずっとバータークラブとの付き合いが始まり、今では自分がバータージャパン株式会社を設立し、代表におさまっているとは、まさに夢のようです。

現在の日本経済は、中小・零細企業、個人事業主、地方商店など、言うなれば弱者にとっては大変厳しい時代となりました。地球規模のグローバル化が進めば進むほど弱肉強食の市場原理が働き、大手企業に太刀打ちするのが難しくなっています。

そんな中にあって、物々交換という、古くて新しい発想を取り入れた「バーターシステム」は弱者が生き残るだけでなく、大きく伸びていくという、最良で最終の方法ではないかと思うようになってきました。

学生起業家としてビジネスを始めてから数十年の歳月が経ち、日本経済の成長期、バブル期、停滞期をこの目で見てきましたが、どの時期にあっても事業を続けるということは大変なこととの想いを強くしております。

恐竜は滅びましたが、トカゲは今も立派に生き残っています。環境の変化に順応できないものは大小問わずに滅んでいきます。

中小・零細企業経営者、個人事業主、地域生産者のみなさんに、是非とも「バーターシステム」を知って頂きたいと思い、ペンを取りました。

本書の刊行に当たり快く取材に応じていただいた会員企業の方々、弊社においていつも私のサポートをしてくれる三井博康、益田典彦両取締役に心より謝意を表します。

２０１３年６月

野崎一文

目次

第2章
古くて新しい取引形態が中小企業や地方経済を救う

第3章
異業種交流会バータージャパンの活動紹介

第4章
オンライントレードシステムの開発成功秘話

第5章
成功している会員企業の紹介　バーター取引大成功の実例

第1章

新規取引先をあっという間に増やし、売上を伸ばす方法

バータークラブでサバイバル時代に生き残る！

ビジネスに結びつかない交流会と、新規顧客が簡単に開拓できるバータークラブ

巷では、異業種交流会やビジネス交流会が花盛りです。開催内容はセミナーや勉強会、ボランティア活動、製造業の共同開発等と様々ですが、中でも世情を反映してかビジネスマッチング系が多く見受けられます。

経営者や営業マンにとっては、名刺交換から始まる新規顧客開拓は最重要課題です。これらに定期的に参加するのは、根気や経費がいることです。それでも、見も知らないオフィスへの飛び込み営業に比べ、名刺を受け取って貰えるだけでも効率的とは言えましょう。

一般的にビジネス交流会に参加する人々の最終目的は、将来の「お客様」探しです。稀には、単なる「お友達」や「飲み仲間」探しの余裕ある方もいらっしゃるようですが……。

ところが、名刺が山のように集まっても、数百人もの会に参加しても、現実はほとんどビジネスに繋がりません。何度かは期待をもって出かけますが、反応がまるでないとそのうち止めてしまいます。

皆さんはなぜだと思いますか？　答えは、野球でたとえれば、ピッチャーばかりだからです。

売り手ばかりがどんなにたくさん集まっても取引にはなりません。買い手がいないことにはキャッチボールにならないのです。

交流会への参加目的は見込み客探しなので、参加者のほとんどは自社の製品やサービスの売り込みだけを考えています。購入先や仕入先を探しに来ている人はいません。それらの情報はネットでいくらでも探すことができる時代だからです。

では、どこに行けば買い手（キャッチャー）がいるのでしょうか？　やはり非効率ではあっても、飛び込み営業やテレアポ営業なのでしょうか？

ここで明言します。バータークラブの会員は、キャッチャーとしても相手を探しています。

他の「交流会」とバータークラブの「商談交流会」の決定的な違いは、バータークラブには、購入者や需要者が参加しているということなのです。強力なバッテリーを組むことができます。

日本で会社を継続できる可能性

過日、知人の経営者から「創業三十周年記念パーティー」に招待され、創業から今日に至るまでの経緯を拝聴しました。

以前には「企業三十年」と言われましたが、現在では企業寿命は二十年と言われるくらい、取り巻く環境の変化には目まぐるしいものがあります。求められている製品やサービスが時代に適応できなくなれば、その企業は市場から退場せざるを得ません。

ひと言で創業三十年と言っても、果たしてどれだけの企業が「三十周年」を迎えられるのでしょう。

日経のデータでは次のようになっていました。

1年　60%
3年　38%
5年　15%
10年　5%
20年　０・３９%
30年　０・０２５%
※会社が設立されてからの残存率

十周年を迎えられる企業は１００社のうち5社。三十周年に至っては何と1万社に２・５社しかないとの統計結果です。

会社を継続することがこれほどまでに難しいとは、予想以上の厳しい結果でした。歳月とともに、ほとんどの会社は倒産、もしくは廃業するということなのです。

常識的なこと、他社と同じことをしていては間違いなく潰れるという意味です。

知人の会社は30年もの間、傍から見たら解らない「何か」をして来たのでしょう。０・０２５％の超難関の倍率をくぐり抜けてきての今日があるのです。私は敬意をこめて、祝福の言葉を贈りました。

それでは、日本における開業率と廃業率はどのようになっているのでしょうか？

開業率とは、一定の期間中に新規開業した事業所数の年平均を、その期間の初めに存在していた総事業所数で割った比率のことで、廃業率は事業を閉めた割合です。

アメリカ、イギリス、日本を比べて見ると次のような数字になります。

【アメリカ】　開業率：約10％
廃業率：約９・７％
差：約＋０・３％

【イギリス】　開業率：約12％
廃業率：約９・５％
差：約＋２・５％

【日　本】　開業率：約４％

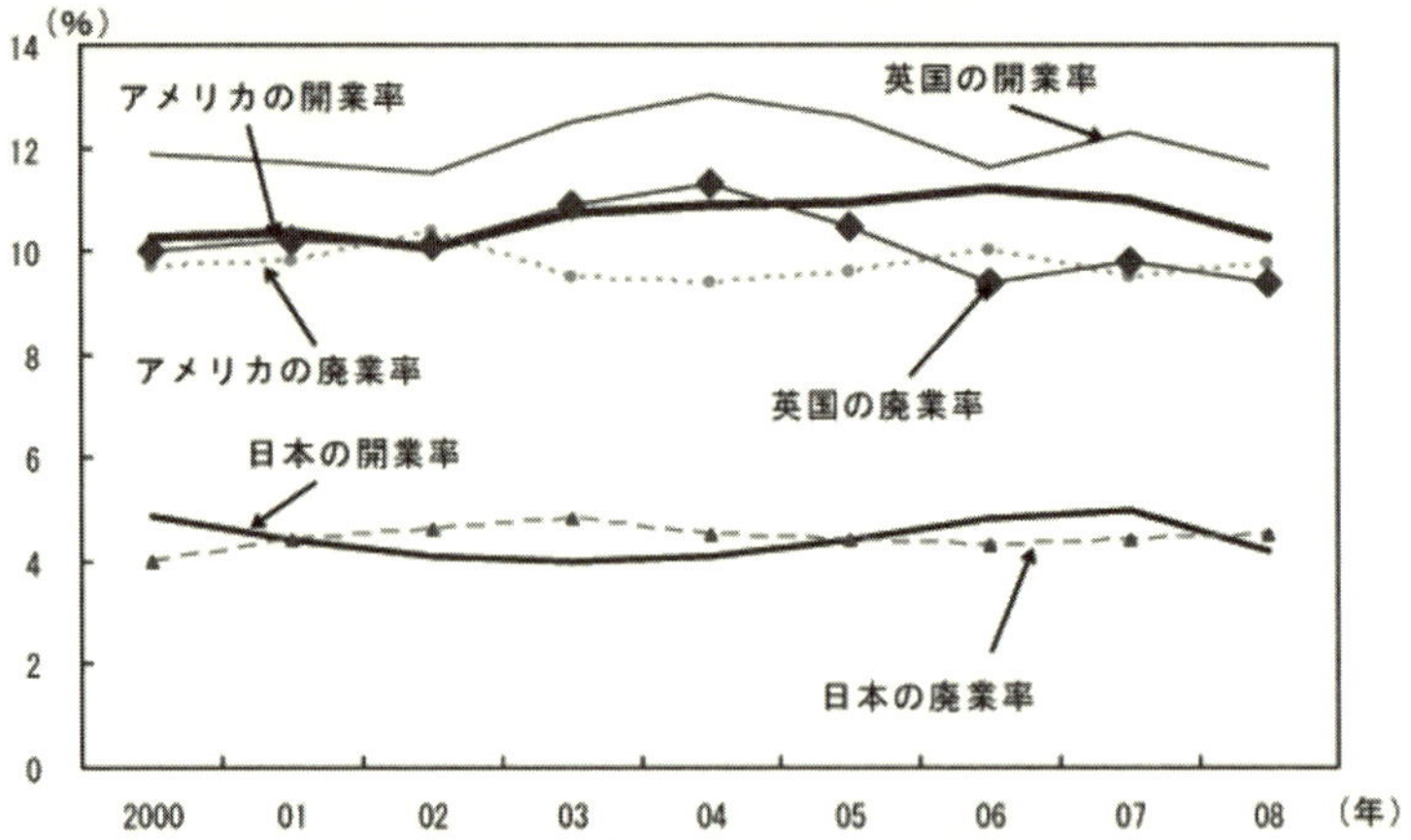

（備考）１、アメリカ中小企業庁、日本中小企業庁、英国統計局より作成。
２、アメリカは有雇用事業者数、日本は有雇用事業所数による開廃業率。英国統計は、ＶＡＴ（付加価値税）登録業者数によるため、雇用者のいない事業主も含まれる。
３、アメリカの’07、08年のデータは、アメリカ中小企業庁による推計値。

廃業率：約4・5％
差：約−《マイナス》0・5％
（2008年度）

開業率のみを見るとイギリスが高く、日本はとても低いです。開業率よりも廃業率の方が高いということは、日本での事業継続がいかに難しいかを表しています。原因の一つに少子高齢化での人口減少や企業のグローバル化も考えられます。

　ご存知のように、起業にはものすごいエネルギーが必要となります。資金、商品、人材、販売チャネル等をゼロから揃えなければならないし、失敗した時の社会的リスクは日本は他国以上に高いと思います。敗者復活戦がない国だとも言われています。

　以前の新聞記事で、小学生を対象にした将来なりたい職業は？　というアンケートで、第一位が男女とも公務員というのを読み、ショックを受けたことがありました。

確かに安定を選ぶならば、公務員に間違いはないでしょう。事業を継続することはとても難しいことを、日本では小学生でも知っているのです。自由資本主義国家とは、なりたい職業に就き、やりたい仕事ができるものですが、会社経営はとても大変なことなのです。

砂漠化した日本経済で生き残る戦略

ジャングルには、強い者しかいないのかと言えばそうではありません。ライオンもいれば草食動物もいて、草木も茂っています。強者と弱者がバランスよく共存共栄しているのが豊かなジャングルといえるでしょう。

「過剰なグローバル化」や「大規模小売店舗法（大店法）の廃止」により、日本企業は巨大化、一極集中、成果主義、均一化の傾向がより濃くなりました。地方に行くと、商店街はシャッター通りと化し、バイパス沿いには全国どこでも同じような大型ショッピングセンター、ファーストフード店、全国チェーン店ばかりが目立ちます。効率化のための巨大化等は否定しませんが、強者ばかりでは生態系が成り立たず、見た目も醜く、日本経済が砂漠化してしまいます。

歯止めのない自由資本主義からは１人の勝者と９人の敗者が生まれ、もっと進むと１人の勝者と９９９人の敗者になります。資本主義の弊害に反対し、より平等で公正な社会を目指したソ連型社会主義は１９９１年に崩壊しました。振り子と同じようにどちらの社会体制も限界に行き着くまで止まらないのでしょうか。

日本経済を見ると、地域格差、所得格差は次第に拡大する傾向にあります。東京一極集中が進み、有効求人倍率も首都圏と地方では大きな開きがあります。

日本が円の単一通貨圏になっているのは、租税の取り立てが容易にでき、国家財政という中央所得再分配装置が存在するからです。財政が恐慌を引き起こすような状態を想定すれば、日本が単一通貨圏である状態はいつまでも続かないでしょう。

同志社大学の浜矩子教授は「グローバル・ジャングル」と言うべき新たな時代の解決策として、アダム・スミスの「国富論」を超えた「君富論」を唱えています。

つまり「自国の富だけを追い求め、他国より豊かになろう」から「自国も他国も共に豊かになろう」という転換が必要だと説いています。

国家ばかりでなく企業も同じでしょう。「自社だけでなく仲間も共に豊かになろう」という発想が、中小零細企業には特に必要だと感じます。大手メーカーの下請けは厳しい値下げ要求で限界に達しています。

グローバル・スタンダードの発想では、同業者と合併し、市場シェアを高め、価格競争力を高めようとします。しかし、巨大化したからといって業績が必ずしもよくなるとは限りません。世界的シェアを誇る有名企業でも赤字が続いたりしますし、経営不振の百貨店同士が統合しても、必ずしも業績は良くなっていません。

そこで「合併では大きすぎるから細胞分裂してみよう」「分社化して小さくなりつつも、仲間同士で付き合おう」との、付かず離れずの関係が必要になってきています。「付かず離れずの関係」は緊張感があり、礼節があり、得意な分野で力を発揮し、互いに支えていけるのです。

このように、発想の転換がますます必要になってきています。多数派主義的な一方向だけを見た考えでは生き残れない時代となりました。

東京スカイツリー開業から地元商店街の今

開業1年を迎える東京スカイツリーは、5月の連休中には展望台に上がるまで最短で6時間待ちになるほどの人気でした。展望台に上がった人は当初予測の540万人を超えた630万人台であり、中でも商業施設「東京ソラマチ」の来場者数は予測3200万人を大きく上回る5000万人となりました。これは東京ディズニーリゾートの年間来場者の１・８倍にも当たる人数とのことです。

また、事業主の東武鉄道は「ツリー効果」で２００億円の増収を計上し、株価も上がったと伝えています。

ところが、地元墨田区の商店街ではどうでしょう。何と、「客足が落ちた」73%、「売上が減った」67%との調査結果が出ました。つまり、３００店舗以上が出店する「東京ソラマチ」にすっかりお客を奪われた結果となったのです。

当初はツリーの集客効果を期待して、誘致活動を積極的に勧めてきた地元商店街にとってはまったく当てが外れた格好となってしまいました。

東京湾アクアラインの開通では、木更津市側の商店街が川崎市や横浜市方面からの集客が見込めると楽観的予測をしていたところ、地元の住民が逆に川崎、横浜方面に買物に出かけ、売上が減少したといった話がありました。

また、地方都市でも新幹線や高速道路の開通で経済効果を期待したところ、逆に地元から都会へ遊びに出ていく機会が増え、結果、地元の消費が落ちるという現象が多く見受けられました。苦労して誘致活動を成功させても、逆効果となってしまいます。

強者と弱者が同じリングで戦えば、強者が勝つということは当たり前で、マーケットでも同じ現象が起こると予想できそうなものですが、自分のことになると分からなくなるのでしょうか。いずれの商店街も、自分は強者だと勘違いしているのか……。

「敵を知り、己を知れば百戦危うからず」という最も有名な孫子の兵法を持ち出すまでもないことです。

小魚はなぜ群れて泳ぐのか

全体として大きく見せる幻影効果や、襲われた時にちりぢりになることで捕獲者を混乱させる保身効果のために、魚は群れを作ります。魚に限らず、動物は群れることのメリットを本能的に知っています。

日本のマーケットサイズが縮小するとともに、大手企業は「なり振り構わず」というか、それまで手を出さなかった小さな市場にまで侵入して来ました。

例えば駅前の飲食店。今や上場企業がラーメン店の経営にまで進出しています。メニュー開発から店舗造り、材料の供給や配送、社員教育まで一貫して行っています。企画、物流、資金力、人材、どれをとっても個人商店レベルで対抗できるものはありません。市場からはじき出されるのが嫌なら、チェーン店に加盟するしか方法がないのでしょうか。

大手グループに属さない、或いは属せないなら小さいもの同士で「結束」することにしか生き残る道はありません。特に、販売のためのネットワークが最重要課題です。

最近では中小零細企業もネット販売というシステムを導入し始めました。そこには、地方でも、無店舗でも、小資本でも参加できるメリットはあるものの、消費者側から見たら全国的に業者を選べるので価格競争がとても激しくなります。特に同一商品を扱う場合は、日本一の低価で提供できないと選んでもらえません。ここでも、経営規模が大きいほど生産性や経済効果が向上するという、スケールメリットの力が影響してきます。

異業種交流の目的はもともとは技術交流から始まりましたが、最近では販売ネットワークの確保へと移行してきました。何とか少しでも大きなネットワークを作り、マーケットを確保しようとしています。

異業種交流会のなかには、自分の知人を相互紹介しようというものがあります。その中でも紹介することにノルマを設けたり、紹介料を払ったりするシステムのグループも現れました。

そういう会に参加すると、確かに自分のお客さんが増える可能性はありますが、負担も増えてきます。紹介しやすい業種の場合はまだよいのですが、自分にとってあまり馴染みがないビジネスは誰に紹介したらよいかも分かりませんし、紹介後のトラブルのリスクも無視する訳にはいきません。人に紹介するというのは責任が伴うことなので、とても重荷になります。

人に紹介する前にまずはお互いの取引が不可欠です。自分のビジネスなら責任は取れますが、人のビジネスにまでは責任が持てません。

単に自分のモノをグループ内で販売しようとするだけでなく、グループ内からの購入も必要です。そうした信頼関係を作ってから、コラボレーションやグループ外紹介が始まります。そうしないと新しいマーケットは開拓できないし、お互いの利益享受がないと長くは続きません。

中小零細企業や地方から「お金」が消えている

「お金」は経済の血液と言われています。企業の生産活動や私達の消費生活を始め、あらゆる経済的取引が効率よくスムーズに行われるのは、この「お金」があるお陰です。その大事なお金が、不足してしまったらどうでしょう。血液が届かなくなった細胞がやがて壊死してしまうように、お金が十分に行き渡らない中小零細企業もまた停滞を余儀なくされることでしょう。

いま経済のグローバル化の名の下で起こっているのは、まさにこうした現象なのです。

ここで仮に、上場企業の大手ショッピングモールが地方の小都市に進出してきたとしましょう。これは、町にとってどのような意味を持つのでしょうか。雇用機会を創出するという点では、確かに地域に貢献していると言えます。しかしその一方で、この会社が地元の売上で得た収益は、地元の取引先と地元の被雇用者への支払いを除いて、すべて本社へと流れていきます。まさに「マネーの域外流出」です。

地域内の経済循環は縮小の一途をたどり、こうして「シャッター商店街」が生まれてくるのです。経済の血液として不可欠な「お金」が、地域からどんどん消えているのです。

こうした「お金」不足の解決策は二つあります。一つは外からお金を持ってくるという方法です。しかし、そのためには全国レベルで通用するだけの商品力をもつ企業を育成する必要があります。

いわば「輸出型」産業の育成です。このためにはマーケティング力の強化をはじめ、多くの取り組みが必要となります。

もうひとつは、自己金融システムの整備です。これは、本来ならば地元の金融機関の役目です。地元の金融機関が銀行業だけに認められた特権である信用創造機能によって、地元企業にお金を貸し出し、貨幣流通量を増やすのです。ところが、いまは金融機関がその機能を果たしていません。

そこで、いまや金融機関とは別の「造血」手段が必要になっているのです。

その手法が、「地域通貨」や「企業間バーター取引」です。

コミュニティビジネスが成立しない理由《わけ》

コミュニティビジネスとは、地域が抱える課題を、地域資源を活かしながらビジネス的な手法で解決しようとする事業のことです。しかしこのコミュニティビジネスは、そのままでは成立が難しいのです。なぜでしょうか？　本来、資本主義というのは、利益を生むところはどこへでも侵入する貪欲な運動体です。それは倫理的にはふさわしくない領域でさえ、法の目をかいくぐってでも浸透していく性質を持っています。

ところが、コミュニティビジネスが対象としているのは、大手、大企業が手を出さなかった領域です。なぜ手を出さなかったのでしょうか？　答えは簡単です。利益が出ないからです。ではなぜ利益が出ないのでしょうか？　損益分岐点まで達しないからです。

損益分岐点というのは、どれだけの量を売れば利益が出るかの境界のことです。損益分岐点を上回るだけの商品を売らないと、企業には利益が出ないのです。通常、この損益分岐点は市場の大きさに左右されます。市場が一定以上の規模がないと、損益分岐点を上回ることはないのです。つまり、コミュニティビジネスがビジネスとして成立してこなかったのは、その市場規模があまりにも小さすぎたためです。

このような市場で無理矢理ビジネスを起こそうとしても、失敗するのは目に見えているのですが、それでも方法がないわけではありません。要は損益分岐点を下げてやればよいのです。

それにはどうするか？　もっとも簡単なのは、被雇用者の給料を下げることです。人件費を下げれば、その分、損益分岐点も下がることになります。とは言っても、給料が下がってもやっていけるのは、生活費を配偶者や親に頼っている主婦や学生アルバイトなどに限られます。

家計を支える立場の人は、それではとてもやっていけません。

いつまで助成金や補助金に頼るの？

給料を下げないためにはどうしたらよいでしょうか？　ひとつは助成金や補助金を引き出すという方法があります。助成金や補助金で、人件費を補ってやれば、被雇用者の給料は以前と同じレベルのままです。損益分岐点は下げられるので、企業としても利益を出すことが可能になります。最近やたらとこの手の助成金・補助金制度が多くなりました。しかしこのような方法は、この制度を利用しないで細々とやっている企業に対して、深刻な打撃を与えることになることが想像できます。

しかもそれは返済不要な資金なので、正当な市場競争によらない、いかにも不公平な打撃です。税金投入により、結局は正当なビジネスを潰してしまったというのでは元も子もありません。

それでは、コミュニティビジネスを成立させるのはまったく不可能なのでしょうか？

方法はあります。それは、企業間バーター取引（物々交換。「物」に限らず様々なサービスも含む）を絡めることです。具体的には円貨と企業間バーター取引を両方組み合わせる形で流通させることです。

そうすれば、企業はその商品力に応じて、どれだけ円貨を稼げるか市場による正当な評価を受けることができます。

たとえばコミュニティ市場でしか通用しない商品の場合、必然的に円貨の割合は小さくなるでしょうし、反対にグローバル市場でも十分通用するだけの商品に対しては、円貨１００％という値付けでも構わないでしょう。そして中間のローカルビジネスレベルであれば円貨50％＋企業間バーター取引50％といった割合もあるでしょう。

売れないから縮小するともっと売れない悪循環を逆回転させる方法

落語に、地方商店街の話があります。郊外に大型ショッピングモールが進出するというので、危機感を持った店主たちが、せめて自分たちの買い物は商店街でしようと示し合わせました。

ところが、ショッピングモールをのぞいてみると、商店街よりも商品が豊富で安いからついつい買い物をしてしまうのです。しかもそんな店主同士が、ショッピングモールでバッタリと出会い気まずい思いをするという落ちです。

これでは、グループ化はできないのです。デメリットはあるとしても、やはり商店街で買い物をしてあげないと発展しません。お互い様なのです。

中小零細企業の仲間作りは、大企業に対抗するのに不可欠になってきています。

全国的に景気が低迷する中、日本経済にも先の見えない閉塞感が漂っています。そして、そこには地元企業の低迷↓雇用（所得）の減少↓生活の質の低下↓消費抑制↓地元市場の縮小↓地元企業の低迷、という悪循環が見られます。なぜこのような悪循環がつくられたのでしょうか。そのきっかけとなったのは、グローバル経済化とそれがもたらすデフレ不況です。

私達は、こうした悪循環を断ち切らなければなりません。むしろその悪循環を逆回転させ、好循環を創り出すのです。

ではどうするのか。新しいきっかけが必要です。その新しいきっかけとは何か。ここではマーケティング、協業支援、そしてマネーの域内循環の三つを挙げたいと思います。

そして、効率が高い具体的な手法として、企業間バーター取引の活用を提案いたします。

企業間バーター取引はもともとマネーの域内循環を創るための手法ですが、今ではそれだけに留まりません。

「世界でもっとも先進的」な企業間取引とは

ここで提案するのは、バータージャパン・オンラインシステムです。

その特徴は、

1、インターネットオンライン方式
2、ポイント方式
3、円貨との併用
4、貨幣発行権を限定

という4つの点にあります。

現在運営されている中で最も先進的なものが、バータージャパンのオンラインシステムと言えるでしょう。

もちろん初めての試みとはいえ、「実験的」とか「実現性が薄い」ということではありません。今現に実動していますが、高い評価を得ています。

実はこのバータージャパン会員間オンラインシステムが適切に機能するためには、いくつかの条件があります。

1、ほとんどの企業がインターネットにアクセスできること。インターネットを使うことにより、情報量の多さ、伝達スピードの速さ、地域商圏から全国的な取引へと飛躍できます。

2、会員は、同一業種が全体の10％以内の割合であること。これは、同一業種の過当競争を防ぐためです。

3、多岐に及ぶ業種、業態をもつ企業が参加していること。

等々です。

そして、こうした条件をクリアできる「交流会」は、日本国内ではそう多くはありません。テクノロジーが高度に発達したインターネットという仮想社会の中にあって、このバータージャパン・オンラインシステムは、その優位性を持つ日本だからこそ成立している「世界でもっとも先進的」な企業間バーター取引システムなのです。

「物々交換」を持ち込む最大の理由

高度に発展した現代文明に、何を今さら好きこのんで「物々交換」を持ち込むのか？

貨幣経済では「お金」に勝る決済方法はありません。政治、経済の不安定な発展途上国ならいざ知らず、経済大国・日本ならばマネー取引がいいのが当然です。

「物々交換」を持ち込む理由は、マッチング率にあります。通常の新規顧客開拓は、営業スタッフによる飛び込みセールス、テレアポ営業、メディア広告等々涙ぐましい努力が必要です。前述した異業種交流会に参加しての人脈形成もその一つと言えるでしょう。

大企業と比べて人、物、金、情報の面では劣る中小零細企業が、同じリング上で戦うのは絶対的に不利です。

そこで、より有利に働く仕組みが必要になります。

「バータークラブ」では仕入れの決済方法を通常は「現金」で支払うところが、自社の「商品・サービス」で支払えることに最大の特徴があります。このことで、買手の購入動機が現金支払いに比べて格段に高まり、マッチング率が極端に向上します。ほとんどの商品・サービスの取引が成立します。もちろん通常マーケットより値段が高いとか、粗悪品とか、特殊で需要がない商品・サービスは成立しません。

「物々交換」といっても1対1では難しいので、1対多数での取引となります。

例えば「ホームページ制作ができて、コピー機がほしいA社」と、「コピー機を販売していて、ホームページを作りたいB社」とのマッチングは、日本狭しといえどもなかなか大変です。

当然、1対1での交換では、自分が提供できても相手が欲しくなかったり、お互いの物（サービス）

の価値に差が生じたりします。

後で登場するシルビオ・ゲゼルは「物々交換の困難とは、私が必要とする生産物を保有する人々が必ずしも私の生産物を必要としないか、あるいは私が提供する商品の量に応じた量を彼らが必要としないか」と言っています。

そこで売上金は「バーターポイント」に一度置き換え、自分が欲しいモノを、欲しい時、欲しいだけ、このポイントで会員から購入するというシステムにしたのです。

すなわち「バーター取引口座」をオンライン上に開設して、現金と同じ利便性で取引しようということです。何も太古の昔に戻って、物と物とを持ち寄って交換しようという訳ではありません。パソコンという近代の大発明をしっかり利用して、ビジネスを効率よく行おうということです。

第2章

古くて新しい取引形態が中小企業や地方経済を救う

営業活動をほとんどしなくても、得意先が一気に増える

貨幣ができる以前は「物々交換」が必要な物を得るための手段でした。海の幸と田畑で採れた野菜とを交換して人々は生活していました。

ただそれには、自分の必要な物と相手の必要な物とが一致しないと成り立たない不便さがありました。そこで、貨幣が登場してきます。

現代社会において、物を手に入れるには、現金という貨幣を獲得する必要があります。自分の取扱っている商品やサービスを買ってくれるお客様を探すことから始めなければなりません。

高度成長期のような右肩上がりの経済状況ならば、それほど難しいことではなかったでしょう。ところが、現在の日本のような不景気下では、並みいる競争相手に勝ってお客様を得るには大変な努力を必要とします。

大企業と同様の資金力、販売ネット、人材等を揃えることはなかなかできません。

しかし、時間や経費を掛けずに自分の必要な物を手に入れる方法もあるのです。それが、バーターシステムです。インターネットがすごい勢いで普及してきました。また、クレジット（与信）という概念も定着しました。

会員企業は、必要な物やサービスをネット上で探して他の会員から手に入れられます。支払は自

社の商品・サービスで後から決済するだけです。一番大変なお客様を探すという営業活動は、ほとんどしなくても済みます。

会員間の取引を増やすことにより、経営利益、経営資本をグループ系列内で循環させる。財閥系が取り入れていた手法によって、会員企業が発展しています。

今日のバータークラブは、日本のどの地域にいても、年中無休24時間取引ができます。それほどまでに進化しているのです。

これまでのバータークラブ

過去に、私が会員として関わったバータークラブは3社です。最初は冒頭でも述べましたビジネス・エクスチェンジ社の子会社、ビジネス・エクスチェンジ・ジャパン株式会社（ＢＸＪ）です。出資比率は、米国本社50％と日本人の代表が50％。

バータークラブの運営上で、一番重要で難しいのがクレジット（与信枠）管理と会員業種のバランスです。詳しくは後で述べますが、このＢＸＪはクレジットを上手くコントロールできなくなり、設立数年後、日本から撤退せざるをえなくなりました。

次に関わったのは、そのＢＸＪの一代理店から独立開業したＥ社でした。ＢＸＪがクレジット管理を誤り機能停止状態に陥ったため、私もＥ社に会員として移りました。

このＥ社は地方都市に本社があったため、後で東京に設立されたＴ社にも入会しました。

Ｅ社は、当初は会員も順調に増加し上手く運営できていましたが、１９８０年後半のバブル期、資金的に余裕ができたこともあり、不動産投資や新事業に乗り出していくようになりました。本業よりも他事業に力を入れるようになり、１００社近くいた会員からも不満が絶えず退会が増え、結局は5年位で休眠状態に陥りました。

残るＴ社は最盛期には会員数も１０００社を超え、順調に発展するものと期待していました。ところが次第に会員増加だけが目的になり、サービスが低下し、偏った業種の企業ばかりが多くなり、完全にバランスを欠くようになってしまいました。入会金稼ぎだけが目当てではないかと思われるようになってしまい、あまりにひどい状態なので私も活動もしないまま休眠会員となっていました。

そして２００８年12月、弁護士を代理人とするＴ社の自己破産を告げる文書を受けとることになったのです。

この他にも、前述の会社の元会員・元代理店・元社員等でいくつかのバータークラブができました。しかし、どのバータークラブも成功しなかったのは、一定の数まで会員を増やすことができなかったのが一番の原因でした。

通常、最初は数社の会員でスタートしますから、取引回数も取引金額も少ないのでビジネスとしては満足できません。いかに早く会員を集められるかが、バータークラブを軌道に乗せる決め手となります。

会員数が30社を超えてくると、段々と取引量、金額も増えてきますがそれまでが大変です。会員数が少ないと、システム的にはおもしろいと分かっていても参加まで踏み込めないのが人情です。経営者はある意味とてもシビアな面を持っているので、会員が増えるまで様子見となります。まさに鶏が先か卵が先かです。

私はＴ社に会員として約22年間も在籍していたこともあり、Ｔ社倒産数カ月後の２００９年７月に元会員と志を共に、今のバータージャパン株式会社を設立することになりました。

エンデの遺言

ミヒャエル・エンデ（Michael Ende, １９２９年11月12日～１９９５年８月28日）は、ドイツの児童文学作家です。

エンデは、「パン屋でパンを買う購入代金としてのお金と、株式取引所で扱われる資本としてのお金は2つの全く異なった種類のお金である」と言っています。

もともと、人間が必要なのは物やサービスであり、お金はその手段でした。そのお金が一人歩きし、通貨を印刷し、さらに利子がそれを増やしてゆく。銀行では「信用創造」によりお金を自己増殖させています。このままお金が膨れ上がっていったら、経済的な破滅か、地球環境の崩壊かのいずれかへ突き当たる、とエンデは確信的な予言もしています。

実際に、世界はグローバル経済となり、「お金」のある企業は海外進出やM&Aでますます大きく、反面、地域経済や中小零細企業・商店街は競争に敗れ疲弊してきています。

国連大学世界開発経済研究所の発表によると、たった上位1%の富裕層に世界の資産の40%が集まり、上位10%に資産の85%が集まっています。

さらにエンデは言っています。

「そこで私が考えるのは、もう一度貨幣を実際になされた仕事や物の実態に対応する価値として位置づけるべきだということです。そのためには現在の貨幣システムの何が問題で何を変えなければならないかを皆が真剣に考えなければならないでしょう。

人間がこの惑星上で今後も生存できるかどうかを決める決定的な問

いだと私は思っています。

お金とは、本来モノや労働の交換のための道具である。利子は交換を妨害する。不況になりみんながお金を手元に残しておこうとして交換が行われなくなると、ますますモノや労働の交換がおこなわれなくなり、失業や貧困にあえぐことになる。

１９３０年代の大恐慌期にそういうことがおこり、ドイツやオーストリアで『減価するお金』を実践した町があった。手元においておいたら、価値がどんどん減るのだからそのお金はどんどん使われてゆくことになる。大恐慌ではだれもがお金を使おうとしないのだが、そのさなかにオーストリアのヴェルグルという町では大成功をおさめた」

銀行預金が不況を作っている？

シルビオ・ゲゼル（Silvio Gesell、１８６２～１９３０）は、『お金は老化しなければならない』というテーゼを立てました。

さらに、『お金は経済活動の最後のところでは、再び消え去るようにしなければならない』とも言っています。つまり、例えていうならば、血液は骨髄で作られて循環し、役目を終えれば排泄されます。

循環することで肉体が機能し、健康が保たれています。お金も、経済という有機組織を循環する血液のようなものだと主張しました。

銀行の「信用の創造」と「利子の存在」というお金の増殖とは正反対の考え方です。

24歳でアルゼンチンに移住して実業家として成功したゲゼルは、そこで通貨政策の混乱により経済がインフレとデフレを繰り返し、国民生活が破綻に瀕している様子を目の当たりにし、貨幣制度と社会秩序には深い相関関係があると考えました。

その理論を世界で最初に応用したのが、オーストリア・チロル地方のヴェルグル（Woergl）でした。

当時、５００人しかいなかった町で、４００人が失業していました。通貨が貯め込まれ、循環が滞っていることが不景気の最大の問題だと考えた町長は、『労働証明書』という地域通貨を発行しました。

「諸君、貯め込まれて循環しない貨幣は、世界を大きな危機、そして人類を貧困に陥れた。労働すれば、それに見合う価値が与えられなければならない。お金を、一部の者の独占物にしてはならない。

この目的のために、ヴェルグルの『労働証明書』は作られた。貧困を救い、仕事とパンを与えよ」

と裏面に書かれたこの紙幣は、非常に速い勢いで町の取引で使われるようになり、町の税収も増え始めました。

「回転することで、お金は何倍もの経済活動を行える」というものです。

なぜそんなにお金が回ったかといえば、このお金は月初めにその額面の1％のスタンプを貼らないと使えないからでした。言い換えれば月初めごとにその額面の価値の1％を失ってゆくこの紙幣は、手元にずっと持っているとそれだけ損をするため、誰もができるだけ早くこのお金を使おうとしました。この「老化するお金」が消費を促進することになり、経済が活性化したのです。

現在の、預金をすれば「利子が付き、増える」というのとは全く逆の発想でした。

ところが「たいていの資本家たちはそんな考えが世間に広まるのを妨げる方向に強く動いたのです」とエンデは語っています。

オーストリア政府の禁止通達により、この通貨制度もわずか13ヶ月間で終わってしまいました。非資本主義的なこの素晴らしい通貨制度は、現代社会の頂点に立っている人＝資本主義の甘い汁を吸っている人にとっては到底容認できないのです。

バータージャパンのバーターポイントも、いくら貯めても利子は付かないし、反面クレジット（与信）枠を目一杯使っても利息を払わなくてもいいのです。会員間の販売、購入の頻度を上げ、取引を活発にするためにとても役立ちます。

ヴェルグルの地域通貨と同じように、物やサービスを流動させる道具なのです。

バーターポイントが地域通貨と大きく違う点は、「紙幣」や「コイン」といった通貨を発行してはいないところです。あくまでも、オンラインシステム上の「取引口座」での貸借でしかありません。

なぜなら「紙幣」や「コイン」を発行すれば、ヴェルグルの『労働証明書』のように政府から圧力がかかるのが目に見えているからです。

もちろん、取引があれば帳簿に計上して税務申告をしなければなりません。そうしないと、脱税になるからです。

「地域通貨」が機能しないのはなぜか

１９３０年代の世界恐慌の時代に、アメリカやヨーロッパでは、「地域通貨」でその危機を乗り切ろうとの試みがありました。地域通貨は、一定の地域や会員間だけで通用するお金です。「エンデの遺言」では、このもう一つのお金にも注目し、現代の金融システムが抱える問題を根本から問いかけたのです。

物々交換 → お金（交換の手段・価値の尺度）→ 価値の貯蔵 → 資本としてのお金 → 生活の混乱
→ 地域通貨

１９９９年５月４日ＮＨＫが放送した「エンデの遺言」は大反響で、その後、日本においては50以上の「地域通貨」が誕生しました。

地域経済が疲弊し、危機感から何とかしなければと感じた人々がそれほどに多かったのでしょう。国の発行する通貨とはまったく違う可能性に、多くの人々が注目しました。

各地の商店街、ＮＰＯ法人、市民グループ、地方行政機関が主催・協賛して、「地域通貨」が一斉にスタートしました。

２年後に放映された「続エンデの遺言」では、「市場経済に馴染み難い福祉や、ボランティアとも相性がよい」と音楽家・坂本龍一氏が語っています。

「地域通貨」には決まったモデルやデザインもなく、参加者は自由に発想し活動しているようでした。

千葉県・西千葉の「ピーナッツ」、大分県・湯布院の「ｙｕｆｕ」、北海道・苫小牧の「ガル」、滋賀県・近江の「おうみ」、東京・渋谷の「シブヤモデル」、三鷹市の「ミタカ」等の実例が放映されています。

それから10数年が過ぎ、日本各地の「地域通貨」はどうなっているのか？　と思いネットで調べてみました。

ところが……。

６００以上登録されている「地域通貨サイト」のほとんどは事業停止、休止等で運営されていませんでした。つまり、上手く機能せずに継続断念というのが結果でした。

あれほどミヒャエル・エンデが称賛していた「地域通貨」が日本で根づかないのはなぜでしょうか？

原因究明のため、各「地域通貨」のサイトを覗いてみました。

答えはすぐに解りました。「地域通貨」の使用割合が少なすぎるからです。ほとんどの「地域通貨」が現金（円）との併用で、使用割合が5～10%のところがほとんどでした。これでは、行き詰まるのも当然でしょう。

例えば、美容室5、０００円の支払いは、「地域通貨」5%の２５０円と「現金」95%の4、７５０円という具合です。これは、「地域通貨」の利用者からみればほとんど魅力のないシステムと言わざるをえません。またこれでは、5%安くしてくれる他の美容室に行った方が早いです。消費者が望むのは、5、０００円全額「地域通貨」が使用できる美容室なのです。

バータークラブもこの「バーター比率」で悩む新会員は多いようです。自社の仕入れ代金や、人件費は当然現金払いですから、バーター比率をできるだけ低く抑えたいと思いがちです。しかしこれは販売者側の都合であって、購入者の立場になれば現金なしで購入したいというのが本音です。

確実に販売したい場合は、バーター比率１００%にするのが有利です。それでは資金繰りが難しくなるのであれば、月間50万円まではバーター比率100%で、それ以上は50%や30%というふうに比率を変えた方がよいでしょう。各会員で資金力も会社規模も違うので、比率は無理のない設定をすればよいと思います。

坂本龍一氏は、放送では「地方通貨が円やドルに取って代わるというのは誤解で、あくまでも補完としての通貨です」と言っていますが、使用割合がたった5%や10%の「地域通貨」では、「回転することで、お金は何倍もの経済活動を行える」と語っている「エンデの遺言」からは程遠い話です。

支払いが利益を生む仕組みとは

バータークラブでは支払いに、これまでの現金や小切手に代わる「バーターポイント」という、いわば第3のマネーが使われます。バーターポイントでの代金支払いは、帳簿上では負債となり、この負債を相殺するために、必ず自社の製品なりサービスで決済しなくてはならない仕組みになっています。

自社の製品・サービスで決済しなければならないということは、バーターポイントで支払った代金と同じ額の商品・サービスを売るということを意味します。つまり、原材料の購入や経営に必要な経費をバーターポイントで支払うことによって、自社の売上が上がるということです。

企業の経営者にとって最大の関心事は、売上を伸ばすことの一点に尽きます。少しでも売上を伸ばして利益を生もうと、日夜努力を重ねているわけですが、効果的な方法はなかなか見つからないのが現実です。

ところが、バータークラブでは少なくとも支払い金額と同じ額が自社の売上に結びつきます。これまでは企業の内部資金の減少でしかなかった支払いが、逆に利益を生むことになる……。これがバータークラブの最大の特徴であり、メリットなのです。

「ピンとこない」と言う人もいるかもしれませんが、次のような例を紹介します。

ホテルの経営者が、各部屋に合わせて１００台のエアコンを入れるとします。この１００台は入札によって業者に発注。業者は注文通りの仕様と価格で、これをホテルに納入します。

ここで、ホテル側は業者に現金ではなくホテルの宿泊券で支払います。すると、売上が確実にあがります。宿泊券で支払うということは、その宿泊券が、いつかは使われる。すなわち、経営するホテルの売上になるということを意味します。

必要な物を購入する際の代金を、自社の商品・サービスで決済することで売上は伸びるのです。

ところが、宿泊券で支払いを受けた業者にとっては、メリットがあるかというと必ずしもあるとは言えません。エアコン１００台分のホテル宿泊券をもらっても、そのホテルを利用する機会がなければマイナスにしかなりません。

1対1の物々交換のバーター取引では、相手方の商品が自分の欲しくない商品・サービスであったり、取引金額に差が生じるので難しいのです。

そこで、バーターポイントを使って1対多数の物々交換をすれば、自社が必要な商品・サービスを、必要な時、必要な分だけ購入することができるようになります。

マーケットサイズが縮小している日本国内において、新規開拓、売上アップほど難しいことはありません。支払い先や、支払い方法を見直すことで売上を上げるのは、とても有効な発想の転換となっています。

現金がなくても必要なものが手に入るのがバーターシステムだ

お金はないがお米ならある。お金がなくとも必要なものを入手。

有機農業を営むAさんは今、オンラインショップの立ち上げを計画中です。オンラインで自慢の有機米を全国に売ろうというわけです。

ところが困ったことに、ホームページ制作を業者に頼むだけの現金がないのです。Ａさんは思いました。

「お米ならいくらでもあるんだけどなぁ……」

同じ頃、ウェブデザイナーのＢさんも考えていました。

「こういった仕組みのプログラムがあれば、面白いホームページができるんだけどなぁ。プログラマーに頼んだら、結構お金が掛かるだろうなぁ……」

またプログラマーのＣさんにもちょっとした悩みがありました。

「体によい有機米が食べたいんだけど、有機だと高いよなぁ。今は現金に余裕がないし……」

このケースでは、３人は需要と供給において、互いに補完的な関係にあります。そのため３人は、出会う機会さえあれば、現金がなくても、それぞれが欲しいものを入手できるはずです。

その機会が簡単に見つかるのが、多角間バーター取引という仕組みです。そして、これこそ私が本書で説明する企業間バーター取引の基本的な仕組みなのです。

域内取引の促進 —— 発注先選択のケース

ここに、ホームページ制作を外注したいＤ社があるとします。外注先を募集したところ、最終的にE社とF社の二社に絞り込まれました。E社とF社が提供できるサービスは、いずれもまったく同じレベルです。あとは、どちらがより安い価格を提示できるか、という点が決め手になります。

両社が提示してきた価格は、E社が35万円現金＋15万ポイント、F社が50万円現金でした。仮にD社が15万ポイントの企業間バーターポイントを持っていたとすれば、D社は間違いなくE社を選ぶことになるでしょう。

この例で解るように、商取引を行う場合、企業間バーター取引ネットワーク内での域内取引の方が、発注先（消費者側）にとってたいへん有利になります。また受注者（生産者側）にとっても、域外のライバル企業に対して優位性を持つことになります。

企業間バーター取引とは、バータークラブ会員間でのみ流通する「貨幣」（バーターポイント）を使用したものです。現在、世界中では１００以上の企業間バーター取引運営グループがあります。

企業間バーター取引の基本原理は、多角間バーター取引です。要するに、物々交換の発展型です。代表的なのは、１９６０年米国カリフォルニア州にマービン・J・マッコネル氏が設立した「ビジネス・エクスチェンジ社」です。後にナスダック証券取引所に上場しました。

このシステムの最大の特徴は、どんなに取引が活発化しても、全体の貸し借りの総和は常にプラスマイナスゼロになることです。なぜなら、このシステムにおいては利子が付かないので、物財と貨幣の量は常に対称性を保っているからです。

また、クレジット（与信枠）という概念の導入です。入会したばかりの会員の（バーター）口座は当然ながら「０」です。それでは、何も「買うこと」ができません。そこでクレジットを貸与して、枠内であれば、まずは「買うこと」から始められるようにしました。

企業間バーター取引の歴史は、イギリスのオーエンの労働証明書やフランスのプルードンの交換銀行にまでさかのぼります。

このシステムが一般の人々の関心を集めるようになったのは、世界大恐慌後の１９３０年代です。当時、景気対策の一環として、ドイツやオーストリアの一部で地域通貨が導入されたのを皮切りに、やがてアメリカやカナダなどにも導入されるようになりました。

それらの試みは、当初は一定の成果を上げたものの、直後に台頭した国家社会主義的な風潮を背景に、その多くが中央政府によって禁止されてしまいました。

第一次産業にもかつて、「バーター」と呼ばれる企業間バーター取引に似た仕組みがありました。「バーター」は農繁期における相互扶助の仕組みとして発達したシステムであり、戦前まで全国各地の農村で普通に見られるものでした。

一方、現在はＩＴ技術の進歩を背景にワークスタイルが大きく変化しました。象徴的なのは、大企業における巨大組織の歯車として働くのではなく、小規模な事業所での身の丈に合った働き方を模索する人が増えていることです。

けれども、こうした小規模事業者にももちろん弱点はあります。なかでも最大のそれは、組織力の弱さです。すなわち、それぞれが独立した存在であるため、協業（コラボレーション）が困難であること。つまり、潜在的には数多くあるはずのビジネスチャンスを逃してしまうことです。

ここに企業間バーター取引のもうひとつの意義があります。それは、小規模事業者同士の協業を促進するということです。

その意味で、企業間バーター取引は、いわばＩＴ時代の革命的取引形態と呼ぶに相応しいものなのです。

歴史はバブル経済と不況の繰り返し

１９９０年３月27日。「不動産融資総量規制」という一通の通達が、大蔵省銀行局長の名で全国の金融機関に発せられました。それまでの異常な投機熱を冷やすため、土地取引に流れる融資の伸びを抑えるのが狙いでした。効果は劇的に表れ、建設や不動産の取引が急激に収縮し始め、地価下落が始まりました。無知な役人や政治家の急ハンドル、急ブレーキによって引き起こされた民間人の悲劇を、私はこの目でたくさん見てきました。日本経済の「失われた20年」の幕開けでもありました。

１９２９年10月24日。ニューヨーク証券取引所で株価が大暴落したことを端緒として、世界的な規模で各国の経済に波及した金融恐慌、および経済後退が起きました。これが原因で、世界大恐慌が始まり、ブロック経済政策は世界中に波及し、結果、最悪の第二次世界大戦へと進んで行きました。

歴史は繰り返すと言われますが、資本主義経済においてバブルと恐慌は60～70年ごとに起こるという説があります。古くはオランダのチューリップ・バブル（１６３７年）や、イギリスの南海泡沫事件（１７２０年）が有名なところです。

資本主義は、15世紀のイタリアで資金を効率よく運用するための会計学（複式簿記）が確立されたことで始まりました。18世紀後半に、イギリスで産業革命が始まって、それ以降は安価な工業製品を大量に生産できるようになり、世界経済は急速に発展してきました。

経済の高度成長を達成した国では、年齢別人口構成がピラミッド型から逆U字型（釣鐘型）になり、最終的には逆ピラミッド型になっていきます。国内マーケットだけでは、少子高齢化や所得格差により、「需要」を上回る「供給」というアンバランスが生じてきます。そこで海外進出が始まり、輸出品が世界市場に出回るようになります。しかし、過度な輸出はやがて他国の保護主義政策を招き、ブロック経済が始まります。最悪の場合には資本主義のリセット装置としての戦争を招いてしまいます。

資本主義、なかでも貨幣経済は「自然資源と調和できていない」とエンデは以下の例を上げて語っています。

ロシアのバイカル湖湖畔の人々は紙幣がその地方に導入されるまでは良い生活を送っていました。自分たちで食べる分だけの魚を捕って暮らしていたのです。それが今日ではバイカル湖の魚の、いわば最後の一匹まで捕り尽くされてしまいました。

なぜそうなったのかというと、ある日紙幣が導入されたからです。それと一緒に銀行のローンもやってきて、一部の漁師たちはローンで大きな船を買い、冷凍倉庫を建て、車で遠くに運搬するようになりました。すると、対岸の漁師たちも競って同じようにやり始めたのです。

ローンを利子付きで返すためには、魚を早く、大量に捕らなくてはならなくなりました。そのため、今日ではとうとう魚が一匹もいなくなってしまったのです。

エンデは、「今日食べる分だけの木の実を捕りなさい」の考えから経済が離れ過ぎていると警告を発しています。

アマゾンやアフリカ大陸は切り拓かれ、もはや地球上で未開の土地はなくなりました。未開の場所は帽子の下だけとなりました。つまり、人間の頭の中だけに未開地が残っています。

地球環境や自然資源の保護のため、そして悲惨な歴史を繰り返さないためには、人間の英知を結集する以外の術は何もありません。

第3章 異業種交流会バータージャパンの活動紹介

取引方法とバーターポイントの流れ

実際にどのようにして会員とバーター取引を行うかを具体的にご紹介します。

まず、会員になるとバータージャパンのオンラインシステム上に取引口座（バーター口座）が開設されます。このバーター口座を使用してすべての会員と取引ができます。

この取引口座の単位をバーターポイントと呼び、1バーターポイントは1円に相当します。入会した会員はまだ取引がありませんので、当初の口座残高は当然ながらゼロです。

全会員がゼロから始めますが、これでは買い物ができません。そこで、バータージャパン事務局が入会と同時に10～40万バーターポイントのクレジット（与信）を貸与します。与信額は事務局が審査の上で決定致します。これは、皆さんが銀行に預金口座を開設するとある一定額まで借入ができるのと同じ仕組みです。

このクレジットは、限度額まで使うことができるので、先に必要な物やサービスを会員から購入することができます。

このバーターポイントの特徴は、手形と違い不渡りがないということです。仮に取引先が倒産してしまった場合、一般的には銀行の取引が停止となって手形や小切手の取り立てができなくなり、売掛金の回収も不可能になってしまいます。

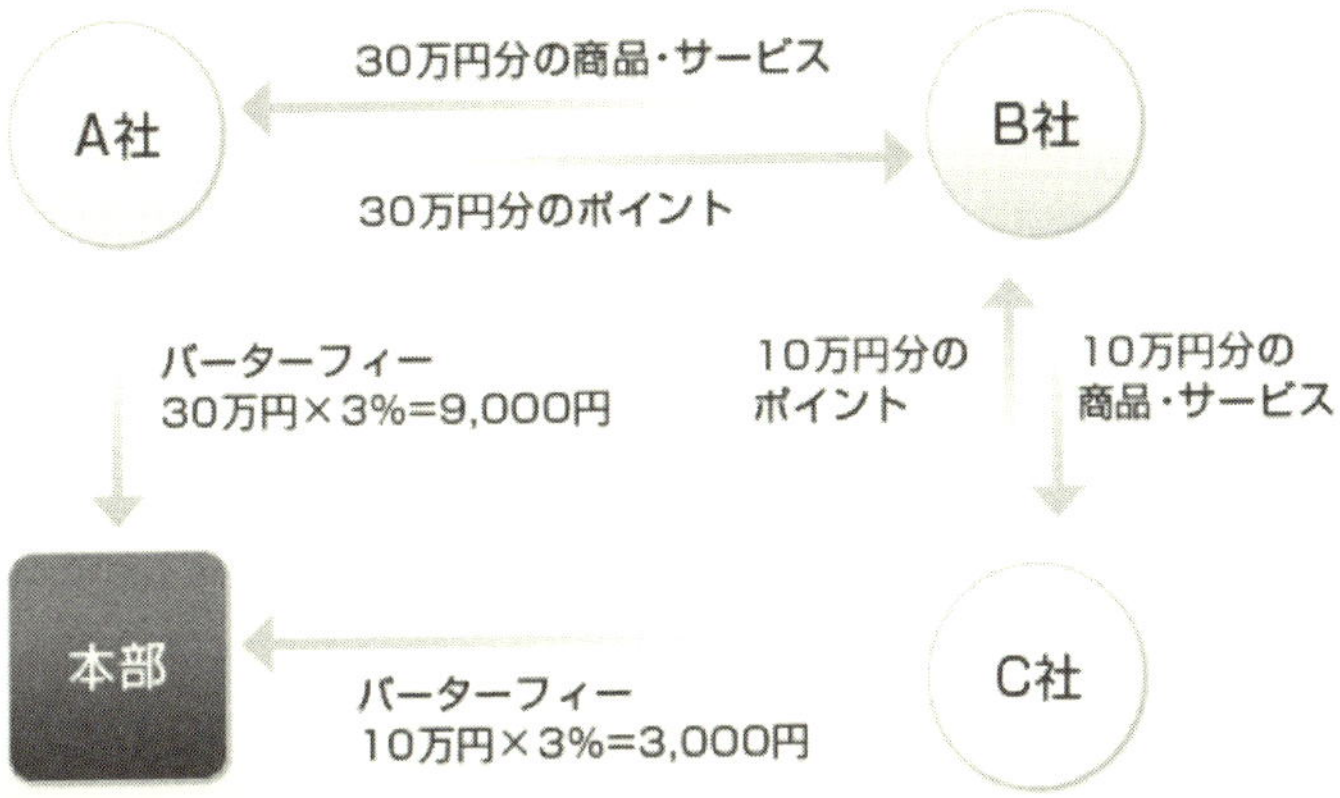

しかし、バーターポイントで決済を終えていれば、たとえ取引先が倒産しても、バーターポイントについては事務局が保証をします。

また、バーターポイントのもう一つの特徴としては、月に何回でも決済が可能ということです。会員は購入と同時にバーターポイントでの決済をすることになりますので、商いの頻度や内容によってはクレジット枠の何倍の取引でもできます。

オンラインバーターシステムのステップ

ここでは簡単に会員との取引までの流れを説明します。詳細は巻末に掲載しています。

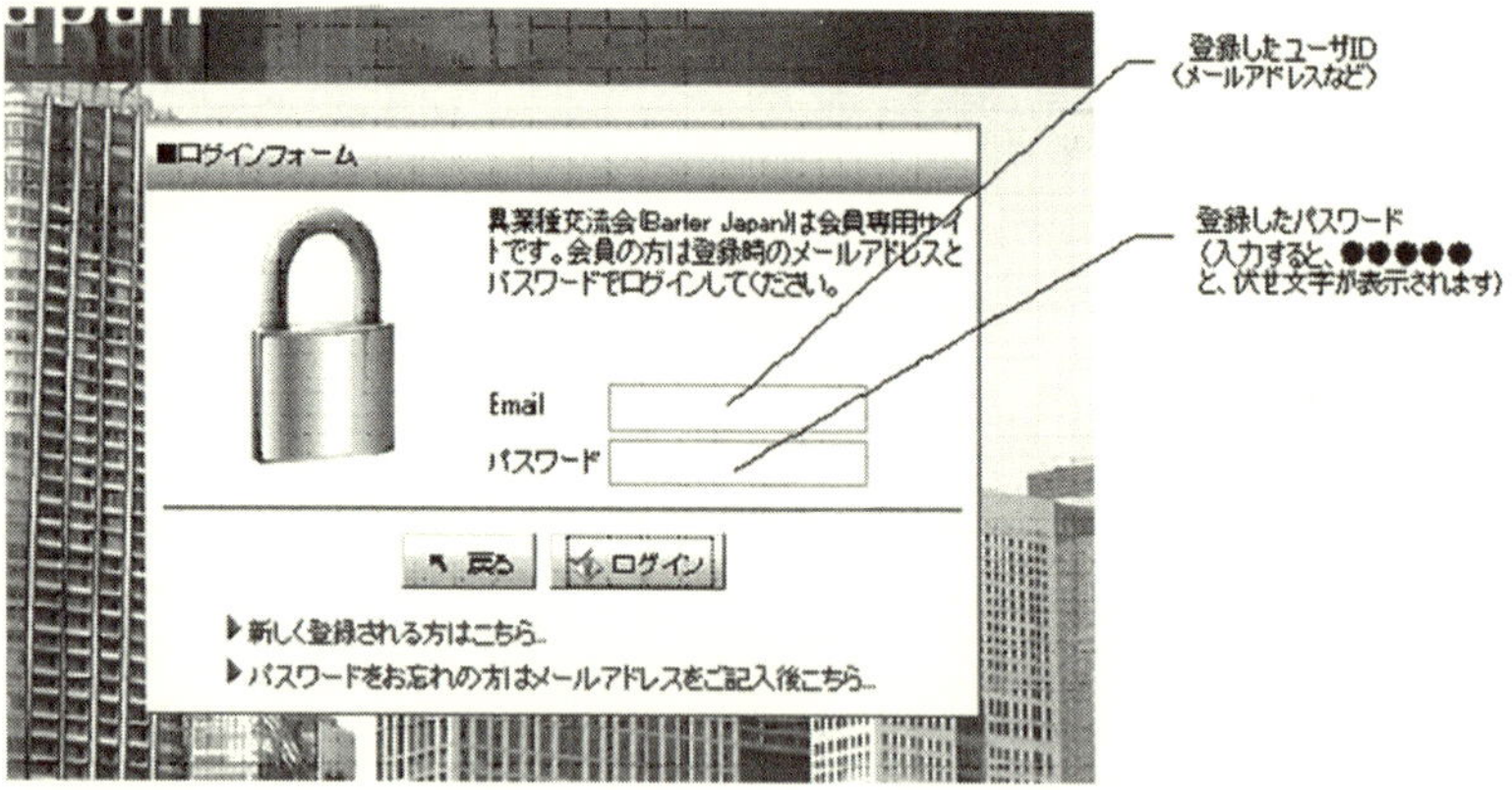

ステップ1
会員はバーター口座開設後に、ユーザＩＤと登録パスワードでオンラインシステムにログインします。ログイン後は画面の指示に従って次に続くステップ4までの作業をしますが、Ｗｏｒｄソフトを扱えるレベルであれば、誰でもできる簡単なものです。

ステップ2
「動作環境の設定」を登録。
ここでは自社のバーター比率、在庫管理、送料、アバター画像（通常は代表者の顔写真）等を登録します。

ステップ3
「トップページの編集」
自社の情報データを他の会員に見てもらうトップページをアレンジします。通常、会社の一般情報を記載します。自社

商品編集
認証
この商品をWEBで販売する
保存する
リセット
商品カテゴリ
家電品
※選択肢に無い場合はテキストボックスに記入してください。
商品コード
Jancode
商品名
フリガナ
※商品を50音順に綺麗に並べる為、必ず全角カタカナでお願いします。
メーカー
商品URL
※メーカーに商品の詳細ページが有ればURLを設定
概要
オプション(1)
項目名
値/選択肢
規格や寸法など商品の仕様を記述します。
「項目名」を設定し、「値/選択肢」に1行のみ記入した場合はそのまま表示され、「値/選択肢」に[Enter]で改行して複数行設定すると、注文者が選択可能なドロップダウンリストになります。たとえば、色やサイズなどは選択していただく必要が有りますので、「項目名」に[サイズ]と設定し、「値/選択肢」にはサポートするサイズを[Enter]で改行して複数行で設定します。
【例】
サイズ: S
もちろん選択していただいた値も注文書に記載されます。
※選択された値により価格が異なる場合は設定できません。別商品として改めて登録してください。
オプション(2)
項目名
値/選択肢
一覧用画像
参照...
※商品一覧に使用する幅120ピクセル程度の画像を選択してください。
※新しい画像をアップロードすると古い画像は自動で削除されます。
※一覧用画像を省略すると商品画像を縮小して表示します。(解像度が低下)
商品画像
参照...
※商品詳細に使用する幅480ピクセル程度の画像を選択してください。
※新しい画像をアップロードすると古い画像は自動で削除されます。
通常価格
円 ※未設定はオープン価格
提供価格
円 ※今回提供する価格
単位
現在庫
スタイル
段落
フォント
フォントサイズ

のホームページを張り付けてもよいでしょう。

ステップ４

次に、販売したい商品やサービスの登録をします。すでにフォームになっている「商品編集」の画面を埋めていくだけの簡単なもので、商品／サービスの登録数は無制限です。

商品画像、在庫管理、商品説明のＵＲＬ、概要……等の色々な情報を登録することができます。

提供価格を空欄にしておけば「お見積り」と表示されますので、流動的な価格になるサービス業などには向いています。

バーター取引の税務申告

よくある質問で、バーター取引は税金が掛からない分だけ得になるの？ 税務申告はどうするの？ というものがあります。答えは、通常の商取引と同じように、バーター取引にも申告義務が生じます。税務申告をしないと税法違反になりますし、消費税も発生してきます。また、バーター取引自体は節税対策にはなりません。

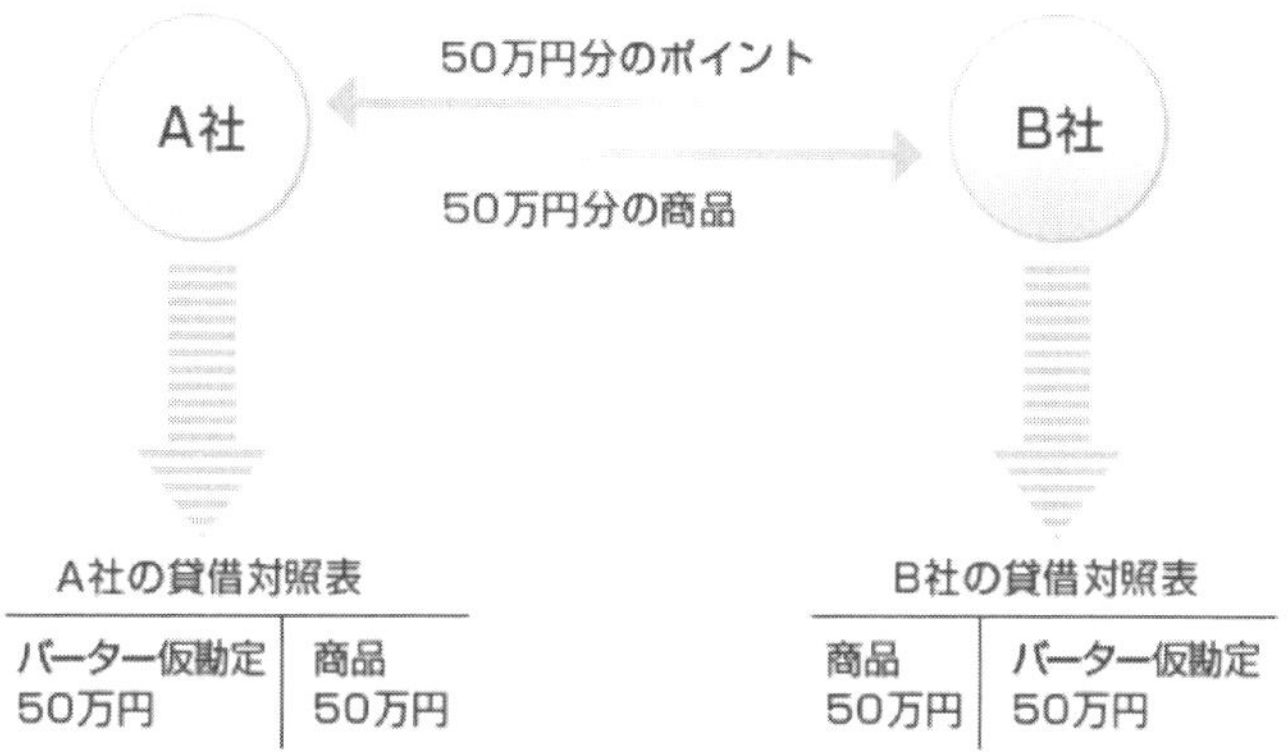

会計処理の方法は会社によって違いますので、顧問の税理士さんに相談することをお勧めします。一般的には、「バーター仮勘定」という科目を追加するのが分かりやすいと思います。

具体的には上記のような仕訳をして、会社の決算期に「バーター仮勘定」の残高が借方にあれば流動資産に、貸方にあれば流動負債に区分すれば問題はありません。

①バーターポイントで販売した場合

(貸方) 売上　○○円

(借方) バーター仮勘定　○○円

②バーターポイントで（備品）購入した場合

(貸方) バーター仮勘定　○○円

(借方) 備品　○○円

③個人使用の場合（社長や社員が私的に購入した時）

（貸方）バーター仮勘定　○○円

（借方）仮払金　○○円

前記の精算（会社の決算時や月末等に現金で使用者から回収する）

（貸方）仮払金　○○円

（借方）現金　○○円

ポイントと現金の上手な使い分け

質問の中には、自分の仕入れは現金なので、バーター取引で販売をすると現金が足りなくなってしまうという人もいます。バーターポイントはそれぞれの会員にクレジット額が決められていますので、その与信枠以上は購入できなくなっています。

しかし販売の上限は決められていませんので、いくらでも売ることができます。当然、自分の会社の商品は製造業でない限りは現金で仕入れをしますので、販売額を無限にはできても、資金繰りに問題が発生します。製造業やサービス業であっても、材料費や人件費等の経費は現金で支払うので同じように限界があります。

そこで、クラブではポイントだけの取引に限らず、現金の売買も認めています。

まず、会員には自分がポイントで購入しようと考えている目標額を設定してもらいます。この目標設定額は資金力、売上、社員数、業務内容等の規模が企業によって異なりますので、それぞれが自社の都合に合わせて決定します。

その目標額を超えた場合や、商品・サービスによっては利益率が数パーセントしかないもの、人気が高く現金でも売れているものは現金とバーターポイントの併用を薦めています。

この現金とポイントのバーター比率は、オンラインシステムで販売者が商品・サービス登録をする画面上で簡単に設定できるようにしてあります。

内容は、左の５種類から選択できます。これ以外の比率は商品編集画面で設定できます。

① ポイントの制限をしない。
② ポイント使用を最大30％に制限する。
③ ポイント使用を最大50％に制限する。
④ ポイント使用を最大80％に制限する。
⑤ ポイント使用を受けない。

ポイントが目標を超えた場合などは、右の⑤のようにポイントは受けないで１００％現金という「販売待機（スタンバイ）」も認めています。販売待機と言っても全く販売をしないという意味ではなく、現金では販売をするということです。

最終的には、バーター比率は売り手と買い手の合意で決定します。中には仕入れ代金を現金で、粗利分をポイントでとする会員もいますが、販売者が現金90％＋ポイント10％と登録しても、よほど魅力ある商品か、日本で一番安い価格でない限り購入されないケースはよくあります。購入者にすれば、なるべく現金を使わないで手に入れられるところに魅力を感じているからです。

それでも、現実的にはリフォーム工事代や高額商品などは、依頼者にそれほどまではポイントがないことが多いので、足りない分は当然現金の支払いとなります。前述したように、会員のクレジットは1社あたり10～40万ポイントしか発行していませんから、それ以上の金額で購入するときは現金併用となります。

ライバルとの差別化　同地域の同業者は入会できない

バータージャパンで「マッチング率98％」や「確実に取引先・売上を増やせる」を謳い文句にし

ているのは、同一地域内の同業者の入会を制限しているからです。

同じ業種の会員が多くなれば、仕事の取り合いになってしまいます。それでは、先に入会した会員も後から入会した会員も面白くありません。

そこで既に入会されている会員を優先し、後からの同業種の場合は慎重に審査の上、取り扱い商品のほとんどがバッティングするようでしたらお断りするという取り決めです。会員が多くなり需要が増えるまでは、その地域での同業種は入会制限をしております。

例えば、ある地域の温泉街のホテル・旅館は先着一軒だけという入会制限を設けて、その地域のライバルとの差別化を図るという制度です。会員がその地域に旅行をしようとすれば、ポイントで支払える会員の旅館を優先的に利用するので、集客力にはっきりと差が出てきます。

ただし、同業者でも会員の需要が多い、人気のある業種（例えば事務用品・ＯＡ機器・家電・自動車等）は現在でも複数の会員が入会しています。供給より需要が高くなるような業種があれば、新規会員を募って既存会員の希望に応えるようにします。

クラブでは入会制限があるから会員のニーズを独占できると思っていても、一般市場より価格が極端に高かったり、バーター比率が低かったりすると注文がきません。購入会員の要求に応えられる会社がない時も同業者を入会させます。多少の同業者の競争は、価格やサービス向上の点では必要と考えています。重要なことは、会員にとって満足のいくクラブでないと何の意味もないということです。

バータージャパンの運営方法

クラブの主催者であるバータージャパンは、株式会社の形態をとる一法人です。会員企業からの入会金、月会費、バーターフィーで運営されています。

入会金は会員企業がバーター口座を開設するためのものです。金額は会員数により異なりますが100社までが10万円（税別）となっており、100社を超えると30万円（税別）となります。これは会員数が多くなるまでの取引件数、取引金額に差があるからです。

月会費5、000円（税別）はバータージャパンの会員が利用するオンラインシステムを維持する経費です。年中無休、24時間作動しています。

バーターフィーは、バーターポイント使用額の3％で、購入会員から頂く手数料です。一種の成功報酬とお考えください。これは販売者や現金決済には掛かりません。

月会費とバーターフィーは月末締めで、会員の銀行口座からの引落しとなります。

また、バータージャパン事務局は入会時に会員にクレジット（与信枠）として10～40万ポイントの貸与をいたします。これは事務局から入会時に貸与されるものなので、もし何かの事情で退会する場合は、この使用したクレジットは自分の商品やサービスを販売して返却しなければなりません。時間的に余裕がなく退会する場合は、不足分を現金で払って清算することもできます。逆に貸与額よりも上回っている状態で退会をする場合は、他の会員から商品・サービスを購入して差引きゼロにします。事務局ではバーターポイントを現金とは交換しません。

クレジットバランスと業種のバランス

入会会員のクレジットをいくらにするかは事務局の専権事項です。クラブ内の取引金額は、発行するクレジット額の総額によって大きく左右します。現在1社あたり10万～40万ポイントを貸与していますが、これは会員の会社規模や取扱商品など色々な要素を考慮して決定しています。前述しましたようにバーターポイントには金利が付きませんので、1社あたりのクレジット額を多く発行すると、その会員は多くの買い物ができ、とても有利になります。しかし、クラブ内に過剰なバーターポイントが出回り過ぎると、購入することに集中して、販売への意欲が少なくなります。いわゆるポイントのインフレ現象が起きます。

また、1社当たりのクレジット額を多く発行すると、その会員が倒産した場合、マイナス額は会員全体で被るというリスクが発生します。

反対に全体のクレジット額が少なすぎるとデフレ現象が起きて、取引が縮小してしまい、満足度が低くなってしまいます。

会員の業種バランスも同じで、同業種が多くなりすぎると過剰競争になり、満足な売り上げにならなくなります。逆に1社しかない場合は、価格やサービス面で、またビジネス上の相性で購入者が満足がいかないことが出てきます。

このクレジットバランスと業種制限が、バータークラブ運営で最も難しい点と言われています。

事務局では、会員の声に耳を傾け、満足して頂けるように調整することが重要な役割と考えています。

米国をはじめ海外でたくさんのバータークラブが存在するのは、業種制限で入会できない会社が多いためか、成功しているクラブを見て、同様のクラブを立ち上げる人が多いためと想像できます。

盛り上がる「商談交流会」ですぐにビジネスに

通常の会員間取引は、オンラインシステムで24時間、どこの地域からでもできます。

しかし、商売は相手の顔や表情を直接見て行いたい、いつもオンラインでビジネスをやっているので、たまにはリアルに会いたいというのが人情です。

バータージャパンでは会員募集の当初から毎月一度の割合で「商談交流会」を開催してきました。目的は、フェイストゥフェイスでの商談と交流です。「商談交流会」は、会議室でテーブルをロの字型に配置して参加者全員との名刺交換、自社紹介、パンフレット・カタログ等の配布を中心に行っています。会場にはブースコーナーも用意してありますので、自社の取扱商品の展示即売もできます。3時間ほどの時間を設けていますので、自由に商談や情報交換ができますし、時にはミニセミナー、ミニプレゼンを企画することもあります。

また、会員以外の方も入場可能ですので、バータークラブのシステムや会員の生の声を聞きに来る方もたくさんいらっしゃいます。

「商談交流会」の後は必ず懇親会を設けていますので、希望者は食事をしながらさらに交流を深めることができます。また、都合によって懇親会から参加される会員もいます。

ほとんどの場合、会員は「商談交流会」と「懇親会」の参加費をバーターポイントで支払うことができます。懇親会後には三次会、四次会と夜中まで自主的な交流（?）を深める同志もおられて、ほとんどはバーターポイントの使える、会員経営の飲食店に行っているようです。

現在商談交流会は、東京と郡山市（福島県）で開催しています。今後は会員が一定数以上集まった地域でも開催していく方針です。

この商談交流会には参加義務はなく、あくまでも会員の取引を増やす手段の一環として位置付けています。まだ一度も参加したことがない会員でも、取引高は上位という会社もあります。ただ、参加率が高い会員ほど取引が活発に行われていることは言うまでもありません。

マッチング率98％の理由

なぜバータークラブではビジネスマッチングが98％の高確率になっているのか？

その理由は簡単です。ある商品を購入しなければならなくなったとします。例えば手元に商品券と現金を持っており、その商品が商品券でも現金でも購入可能ならば、あなたはどちらを先に使いますか？　おそらく10人中9人は商品券で支払い、足りない分があれば現金で払うと答えるでしょう。現金はいつでもどこでも使えるので、取っておきたいというのがほとんどの方の考えです。

バータークラブにおけるバーターポイントは、言わばこの商品券みたいなものです。自分が必要な商品やサービスがあれば、まずバーターポイントで払える会員がいないかを探します。

外部から購入するよりも先に、クラブ内の会員に注文したいという気持ちがあるからです。

また、入会すると事務局よりクレジットとして10～40万ポイントの貸与があります。このクレジットを使用すれば自分のバーター口座がマイナスになりますが、銀行の借り入れと違い利子が付きません。この借入額は銀行ですと現金で返済しなければなりませんが、クラブでは自分の商品や、サービスで返済をすればよいのです。つまり、ポイントを使えば使うほど商品・サービスで返済することになりますので売上に繋がる活動をします。つまり、より買われやすくなるように活動するのです。

すると自分の商品やサービスの売上が伸び、その売価には当然利益が含まれているので、儲けが発生します。

購入しようとしている会員にとっても、それをクラブ内で探すほうがメリットがあるのでマッチング率が高くなるというわけなのです。

損益分岐点が下がるバーター取引とは

$$\text{損益分岐点} = \frac{\text{固定費}}{1 - \dfrac{\text{変動費}}{\text{売上高}}}$$

損益分岐点とは、利益が出る分かれ目となる売上高や数量の境のことです。これを超えれば会社に利益が出ますし、下回れば赤字になります。損益分岐点は低ければ低いほど利益が出やすくなり、企業経営が安定します。

損益分岐点を出すには経費を固定費と変動費に区分しなければなりません。固定費は、売上高や販売数などの増減に関係なく発生する一定の費用のことで、商品が1つも売れなくても、製品を1つも生産しなくても発生するものです。役員報酬、固定資産税、支払利息、人件費、賃借料、宣伝広告費、接待交際費などが固定費に当たります。

変動費は売上高や販売数によって増減する費用のことで、商品仕入、原材料費、外注

$$\text{損益分岐点} = \frac{300\text{万円}}{1 - \dfrac{600\text{万円}}{1000\text{万円}}} = 750\text{万円}$$

$$\text{損益分岐点} = \frac{150\text{万円} + (150\text{万円} \times 0.7)}{1 - \dfrac{600\text{万円}}{1000\text{万円}}} = 637.5\text{万円}$$

費、運賃、印刷費などがこれに当たります。

バーター取引をすると損益分岐点が下がり、経営が安定することが多いのですが数字を挙げて説明しましょう。

売上１０００万円、固定費３００万円、変動費６００万円の場合の損益分岐点は７５０万円になります。

この固定費３００万円の半分の１５０万円をバーターポイントで払うことができたとします（粗利率３割の場合）。

すると損益分岐点が６３７・５万円まで下がります。固定費だけでなく、変動費をバーターポイントで支払っても同じように、損益分岐点は下がります。

通常、現金で支払っている経費を、バーターポイントで支払うほど損益分岐点は下がります。売上高が同じでも、この損益分岐点を下げることによって会社は利益を上げることができます。

物々交換からも現金は生み出される

バーターポイントが多く貯まった場合、事務局では現金化してくれないのか？　という質問が時々あります。しかし考えてみればお分かりのように、ポイントを現金と交換したのではクラブ内で消費しようとしなくなり、クラブの存在意義がなくなってしまいます。

ではどのようにしたらバーターポイントを現金化できるか、実例を挙げて考えてみましょう。

例えば、ホテルや旅館には必ず売店があります。この売店にバーターポイントで仕入れたお土産品や雑貨を展示します。通常の宿泊客や来館者は会員以外がほとんどなので、この売店では現金で購入をしていきます。すなわちポイントの現金化になります。これは会員ではすでに実行されている方法です。

また、婦人服を扱うブティックではイベントとして、宝飾展・バッグ展・レザー展等を定期的に開催しています。そこで会員企業の商品を展示販売し、売れた分の支払いはポイント、顧客からはカード決済や現金集金をします。

他の実例では、あるレンタルオフィスに事務所を構えている会員は、入居者のほとんどが購入する事務用品の注文を取りまとめています。それらを会員企業からポイントで仕入れ、現金で入居者から集金します。入居者同士は毎日顔を合わせているので、親近感があり気軽に声をかけられるからできることです。

このように会員企業の取扱商品をうまく活用し、自社の販売チャネルで現金化ができます。高額品では、賃貸マンションや貸家の不動産もポイントで販売されているので、購入後に貸すことで家賃を現金で手にすることもできます。

さらには、広告サービスをバーターポイントで利用すれば有効に使えます。チラシ、パンフレット、広告媒体、ホームページ、ＳＥＯ対策等をポイントの支払いで積極的に行えば、その効果が現金収入につながってきます。

現金化の方法は多岐にわたりますが、会員のアイデア次第、実行次第でどんどんビジネスが膨らんでいきます。それは会員同士のコラボレーションになったり、販売ネットの相互利用だったり、地域活性化の具体策にもなってきます。

積極的な活動が売上を左右する

クラブ内の取引においては、会員間での取引数、取引金額にも大きな格差が生じています。そこには、パレートの法則（２：８の法則）が働いていると思われます。すなわち、全会員企業の上位２割で取引額の８割が動いていると感じられます。この取引格差は会員の販売努力の格差だと受け止め、向上のために更なる発展に努めて頂きたいと考えています。

そもそも企業側がなんの努力もせず、商品が自動的に売れるなどということはあり得ません。貨幣市場においても、大企業は巨額な費用を投じて広告を打ち、また年間何百万円もの給料を払って営業マンを雇うなど、多大な努力をしていることを忘れてはなりません。

全国的規模で通用する商品を扱っている企業でさえそうなのです。ましてや、それほど商品力のないローカルな商品を扱っている企業が、企業間バーター取引を導入したからといって、何もせずただ待っているだけではなかなか大きな売上にはなりません。

バーターオンラインシステムは「世界でもっとも先進的」な取引システムと自負しておりますが、それでも日々の販売努力は必要です。努力さえあればとても大きな実りを期待できます。

第4章

オンライントレードシステムの開発成功秘話

バータージャパンオンライントレードシステムを開発するに当たり

バータージャパン　取締役　三井博康

1　システムを開発するに当たり、

「あらゆる業種・業態の企業がマッチングして、ビジネス取引できる形にすること」を前提にしました。

それには、機能やサービスを分かりやすく、ということを第一に、次にシステムの使いやすさを心がけました。またどのようなことを希望されるかなど、バーター取引をおこなう会員企業の考えを想像しながら設計いたしました。

また、参加している企業のバーター取引サポートツールとして、会員からの要望をクリアできるシステムとして、オンライントレードシステムを開発しました。

オンライントレードシステムは、会員企業の各種情報を統括できるだけでなく、会員間の情報交換、決済の維持管理を行えるツールであるべきだと考えています。

2　Webシステム開発は奥が深く本当に難しかったです。

具体的には、
最新の技術を使って既存取引をオンライン化し、これからも常に改善を繰り返していく必要があると考えております。

バーター取引オンラインシステムを設計開発する上でも、セキュリティ面と表示速度等は十分考慮いたしました。

要するに使いづらかったり面倒くさくなってしまわないように、と心がけました。

開発のポリシーは、利用される方の立場に立って、常に利益に繋がる仕組みを提供するということです。

会員企業が、たとえオンラインであっても実際に面談しているかのようなコミュニケーションをすることが大切だと思っています。

一方、商談交流会でのフェイストゥフェイスの交流も重要です。

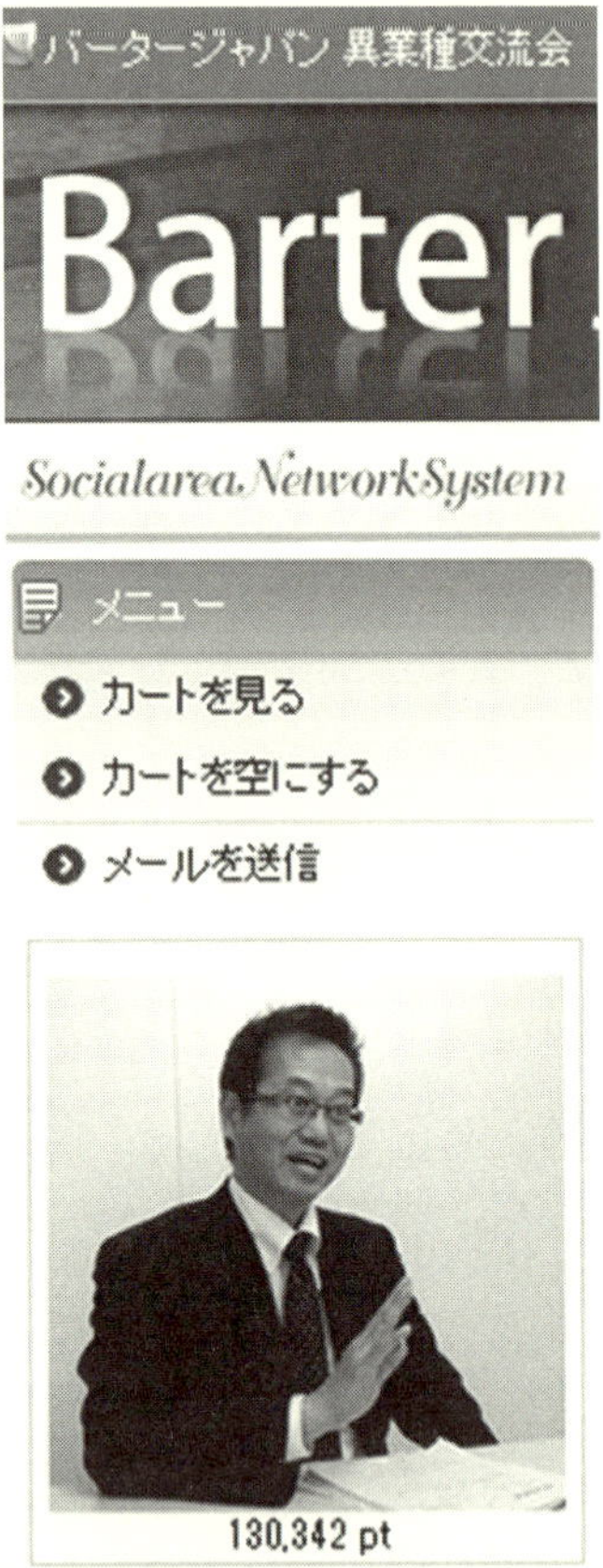

しかし、急ぎで案件を依頼する場合や、遠方の会員企業への依頼などもあります。
そんなときに相手企業の気持ちを理解しつつ、心をこめてお願いすることが大事です。
つまり、相手企業に気持ちが伝わることが大事なのです。

このシステムでは、会員企業毎にマイページを持ち、そこに会社の情報、商品・サービスなどの情報を表示できるようにしております。

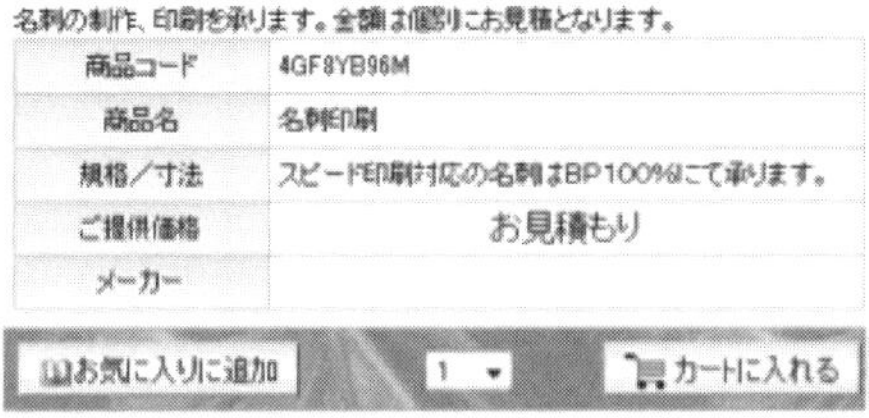

名刺の制作、印刷を承ります。金額は個別にお見積となります。

商品コード	4GF8YB96M
商品名	名刺印刷
規格/寸法	スピード印刷対応の名刺はBP100%にて承ります。
ご提供価格	お見積もり
メーカー	

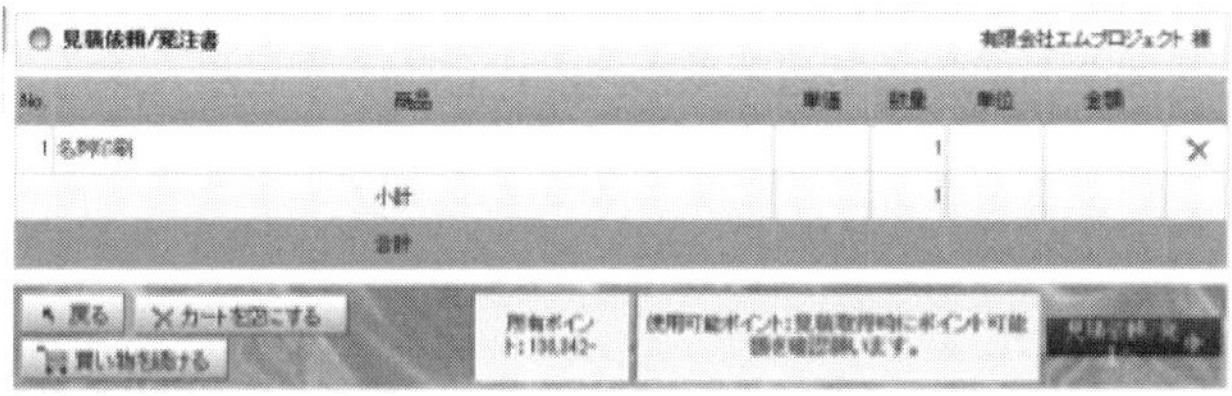

アバター画像というところでは、会員企業の社長の顔写真、商品の写真を登録できます。

そして、このシステムでは、買う側で利用する場合と売る側で利用する場合、どちらのシチュエーションも可能にしておりますので、ＢｔｏＢ（ビジネストゥビジネス。企業間取引）の原理に基づいていると言えます。

例えば、

買う側が見積を依頼

←売る側がそれに回答

←買う側が値引き他追加オプションを要求

←売る側がその要求に対して回答

見積依頼画面

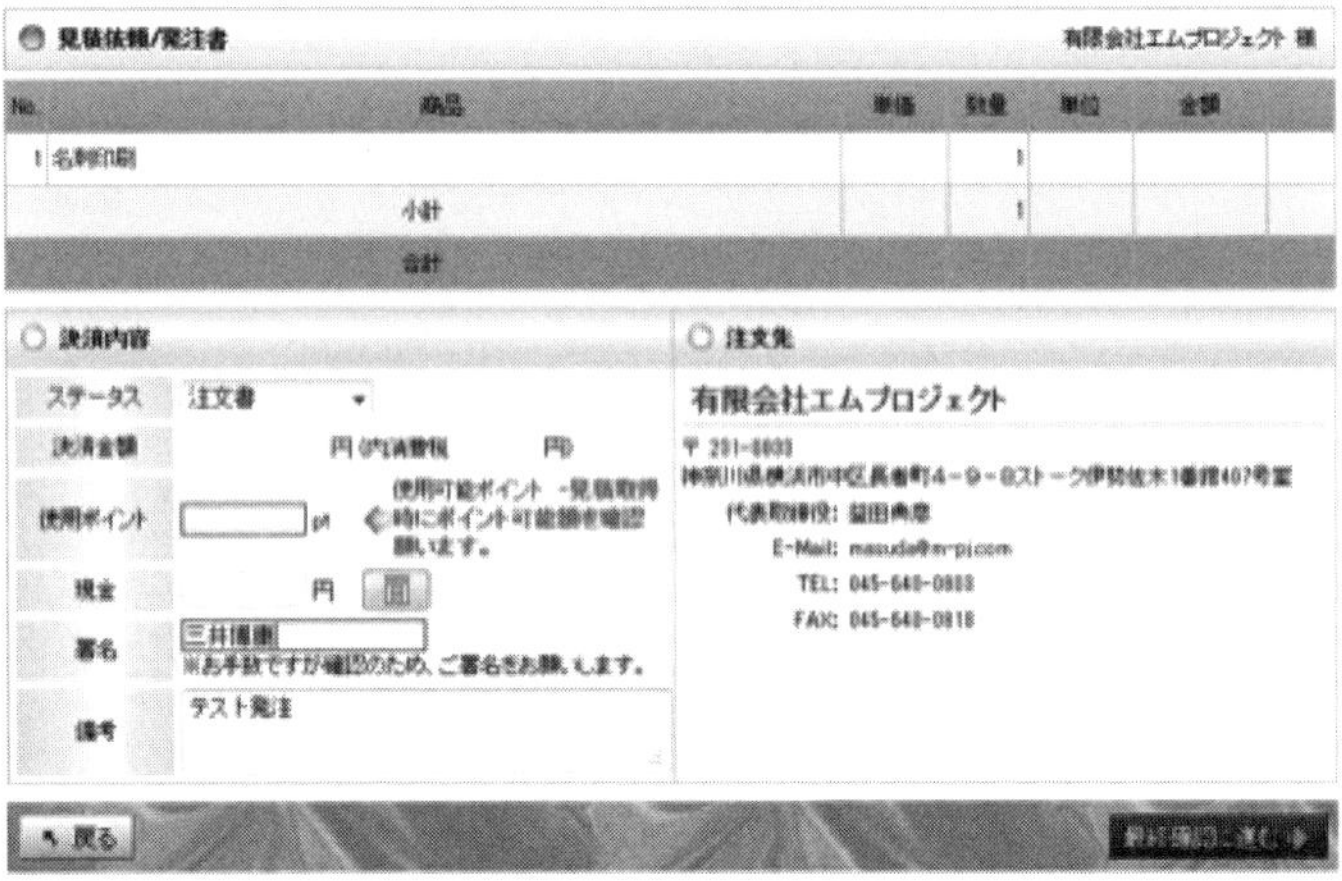
見積依頼/発注書
有限会社エムプロジェクト 様
No.
商品
単価
数量
単位
金額
1 名刺印刷
1
小計
1
合計
決済内容
注文先
ステータス
注文書
決済金額
円
使用ポイント
pt
現金
円
署名
三井博康
※お手数ですが確認のため、ご署名をお願いします。
備考
テスト発注
有限会社エムプロジェクト
〒 231-0033
代表取締役: 益田典彦
TEL: 045-640-0803
FAX: 045-640-0818
戻る

編集画面

見積書
エムシーエス株式会社 様
代表取締役: 三井 博康
E-Mail: mitsui@mcscorp.co.jp
TEL: 03-5295-0226
有限会社エムプロジェクト
〒 231-0033
TEL: 045-640-0803 FAX: 045-640-0818
No.
商品名
単価
数量
単位
金額
備考
1 名刺印刷
小計
再計算
送料
1 式
合計
使用ポイント
現金
※ポイント入力で自動
ステータス
見積書
署名
益田
戻る
印刷する
伝票の削除
ステータス変更

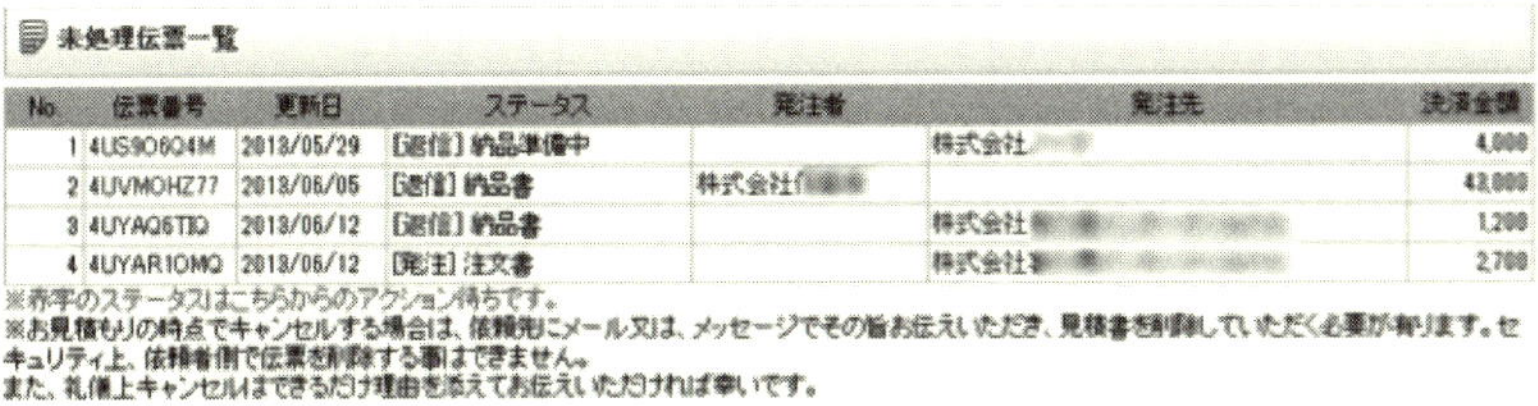

未処理伝票一覧

No.	伝票番号	更新日	ステータス	発注者	発注先	決済金額
1	4US9O6Q4M	2013/05/29	[返信] 納品準備中		株式会社	4,000
2	4UVMOHZ77	2013/06/05	[返信] 納品書	株式会社		43,000
3	4UYAQ6TIQ	2013/06/12	[返信] 納品書		株式会社	1,200
4	4UYAR1OMQ	2013/06/12	[発注] 注文書		株式会社	2,700

※赤字のステータスはこちらからのアクション待ちです。
※お見積もりの時点でキャンセルする場合は、依頼先にメール又は、メッセージでその旨お伝えいただき、見積書を削除していただく必要が有ります。セキュリティ上、依頼者側で伝票を削除する事はできません。
また、礼儀上キャンセルはできるだけ理由を添えてお伝えいただければ幸いです。

↓　↓　↓

そして取引完了後納品書が発行されます。

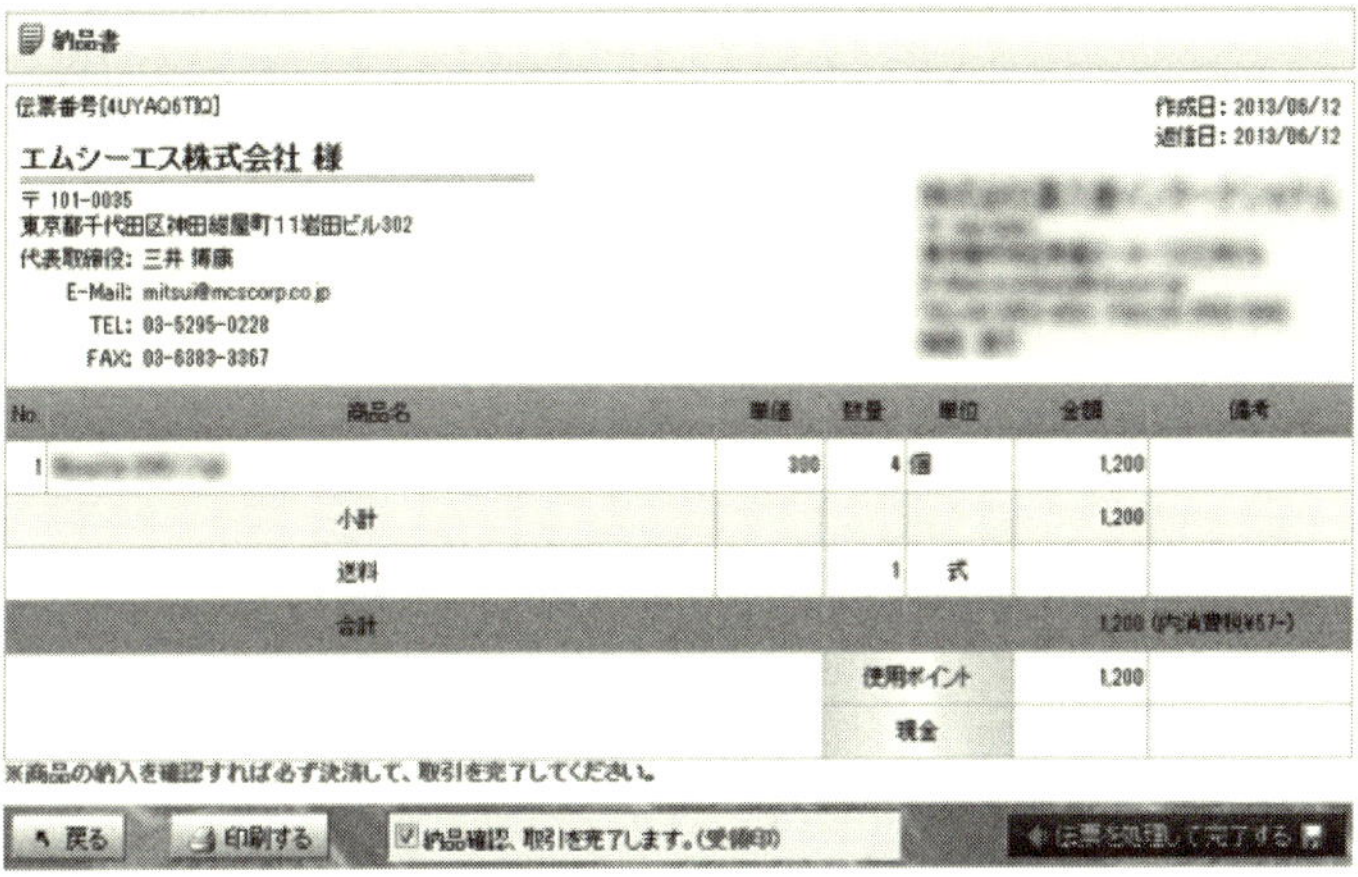

納品書

伝票番号[4UYAQ6TIQ]

作成日：2013/06/12
返信日：2013/06/12

エムシーエス株式会社 様

〒 101-0035
東京都千代田区神田紺屋町11岩田ビル302
代表取締役：三井 博康
E-Mail: mitsui@mcscorp.co.jp
TEL：03-5295-0228
FAX：03-6383-3367

No.	商品名	単価	数量	単位	金額	備考
1		300	4	個	1,200	
	小計				1,200	
	送料		1	式		
	合計				1,200 (内消費税¥57-)	
			使用ポイント		1,200	
			現金			

※商品の納入を確認すれば必ず決済して、取引を完了してください。

戻る　印刷する　☑納品確認、取引を完了します。(受領印)　伝票を処理して完了するとＢｔｏＢのビジネス取引では、何度もやりとりすることがあります。

本システムは、それも可能にしました。売り主側の会員企業は、オンライン上で伝票にサービス、商品の追加、価格の修正等が簡単にできます。伝票を見積書から納品書などに変更することも可能です。

したがって、取引の最中でもオンライン上で見積の追加仕様（送料の追加や、打ち合わせ後の項目追加等）も可能になるのです。

通常のショッピングシステムですと注文、決済、デリバリーで完了となりますが、バーターオンライントレードシステムは、発注側・納入側が何度もやりとりできる点が大きな特徴です。システムログインしますと未処理伝票一覧と表示され、処理が必要な場合は、伝票の番号が赤色文字になっていますので、ログイン後未処理伝票がとても分かりやすく、すぐに対応することができます。

バータージャパン　オンライントレードシステムは、まだまだ進化していかなくてはなりません。会員が増えて各種要望も多くなります。私どもはバーター取引をおこなう上で、より柔軟に対応できるように今後とも努力して参ります。特に昨今主流になってきているソーシャルネットサービスとの融合なども視野に入れて、バージョンアップを行おうと考えております。

プロフィールとこれまでの経緯

バータージャパン株式会社　取締役　三井博康
※エムシーエス（株）代表取締役 三井博康
年齢：58歳 横浜市緑区在住

40歳で脱サラ。そしてパソナコンじゅく講師時代。

１９９５年。そう、Windows95が発売された年です。７年勤務していた外資系機械メーカーを飛び出し、自宅でパソコン教室を開業しました。

ＮＴＴとパソナ共同事業フランチャイズ パソナコンじゅくです。第１期オープンで開業です。

*フランチャイズ契約代金
*パソコン６台購入費用（今よりずっと高い）

＊ＬＡＮの構築
＊インターネットへの常時接続

やっと設備が整った頃、通帳の残金は生活費2ヶ月分でした。それを切りくずして、独自テキスト作成と広告です。

最初は印刷した広告を早朝に配って歩きました。コンピューター専門でやってきた中年オヤジが「チラシ配り」……。

通帳の残高が5桁を切ったとき、やっと最初のお客さんから電話です。

入会申込書を書いてもらい、入会金をいただいて……。その方がドアを出た瞬間……。小さくガッツポーズです。

その後、自宅があるのが住宅地と場所がよかったせいもあって、少しずつですが生徒さんが集まり始めました。主婦から自営業者、学生、近所の経営者さん……、たくさん集まってくださいました。

生徒さんの中には、自宅でインターネットが接続できていない方も多く、私が教室の授業終了後、授業の合間に出張サポートし、設定を行うこともたびたびありました。

その後、塾を運営する傍ら、大手商社三菱商事（株）丸の内本社内にて、ＯＡ相談室として、業務請負勤務をする。主に端末（ＰＣ）の導入相談及び窓口他、インフラ面においてのサポート。トラブル時のＳＩベンダーとの交渉、Notes（グループウェア）の操作指導。また、社内システム等のＩＴ講習会講師を担当する。その間、１９９８年8月にエムシーエス個人事業主からエムシーエス（有）を設立。社員2名でスタートしました。

以後、中小企業向けにインフラサポート、システムの開発、ホームページ製作、Ｗｅｂコンサルタントを主に行い、現在に至ります。

そんな中で、今は存在しないバーターシステム会社と出会いました。

Ｗｅｂ制作業界での新規顧客獲得には、楽天ビジネスへの加盟、Allaboutへの専門家としての登録、自社サイトのリスティング広告、と投資もしましたが、思うような受注ができずバータークラブに加盟しました。

最初は交流会に参加しての人脈作りに徹しておりました。

そして半年後、ある会員企業のホームページ制作、検索システムの開発を相談いただき、直ちに受注、その後も続々と引き合いをいただきました。

そんな中、不思議なこともありました。バータークラブは、バーターチケットでの物々交換システムなのですが、弊社の受注金額が一件当たり50万から１５０万と比較的高額なこともあり、現金取引が半分以上になりました。もちろん、得たバーターチケットは出張時のホテル、プリンター、事務用品、飲食（接待及び社内での会議費として）など有効に利用いたしました。

そして、２００８年、そのバータークラブを運営していたトレードチェックシステム株式会社が突然の破産、原因は他事業への投資が原因で破綻したようでした。本業のバータークラブは、順調に運営されていたので大変残念です。

その後、元バータークラブ加盟企業経営者が40社集まり、新たにバータークラブ設立を検討。結果、私と野崎ダイヤモンド株式会社社長野崎一文とバータージャパン（株）を２００９年7月に設立。有限会社エムプロジェクト益田氏にも取締役として参画していただきました。

その時のバータークラブは、売買にチケットを使用していたので、これの処理にたいへんな手間がかかり、事務のスタッフが数人常勤しておりました。そのたいへんさを痛感しておりましたので、まずは取引をスムーズに行うバーターオンライントレードシステムを開発。約４ヶ月間かかりましたが、おかげ様にて現在まで好評のうちに機能しております。

このシステムが完成した２００９年11月に第１回バータージャパン商談交流会を浜松町で開催。最初は25社参加をいただき、その中の３社に加盟していただきました。その後、２０１３年現在で76社に加入していただいております。

システムからは、見積依頼、見積提出、発注、納品状況、全てのステータスを管理できます。見積価格及び追加商品、サービスに関してもシステム内で編集可能です。

現在は76社ですが、１５０社ぐらいが加盟しますと、ほぼ全ての業種が登録されるのではないかと考えております。と申しますのは、同業種は全体の会員企業の５％内になるように事務局側で管理しているからです。

２０１０年11月19日には、ＮＨＫ「Ｂｉｚスポ」の取材を受け、企業による物々交換システムを実施しているバータークラブとしてかなり好意的に紹介されました。

今後も、バータージャパンは、多くの企業が売上アップすることを目指して歩んでいく所存です。

第5章

成功している会員企業の紹介

バーター取引大成功の実例

◆対談◆

接待交際費、文房具、印刷物などすべて現金を使わないでやりくりしている企業経営者の話

対談者

バータージャパン株式会社
代表取締役　野崎一文

セゾン工業株式会社
代表取締役　大橋　博

野崎　本日はバータージャパン当初からの会員の大橋社長と対談の機会を設けさせて頂きました。まずは自己紹介からお願いします。

大橋　福島県郡山市でステンレス加工や業務用エアコン・厨房機器の販売会社を経営しています大橋です。今日はよろしくお願いします。

野崎　さっそくですが、セゾン工業さんの営業商圏はずいぶん広いと聞いていますが、どの地域までカバーされているのですか？

大橋　はい。福島県内はもちろんのこと、全国どこでも受注させてもらっています。昨年は鹿児島県から大型冷蔵倉庫の建設と工場の空調設備工事があり、出掛けてきました。普段、遠方の場合は商品を発送して、取付けや工事は地元の提携業者にお願いしています。鹿児島は一度行ってみたかったので、観光を兼ねて工事をしてきました。

野崎　仕事と旅行を兼ねてとは羨ましいですね。でもなぜそんな遠くから注文が来るのですか？地元にも業者はいると思いますが。

大橋　はい。そのお客様とは野崎さんも会員だったバータークラブ（T社）が縁で知り合いました。もう20年近くもお付き合いを頂いています。今回も、「どうしてもセゾン工業にやってほしい」と言われ引き受けました。

野崎　そうでしたか。以前のバータークラブでそんな遠い所までお客様ができましたか。

ところで、そのバータークラブと大橋さんとの出会いはいつ頃ですか？

大橋　20年位前になると思います。他にも異業種交流会には積極的に参加していますが、バータークラブが一番商売に繋がるので、バータージャパンが設立されたのを知り、すぐに会員になりました。

野崎　ありがとうございます。大橋さんには当初からご参加頂き感謝しています。何しろ最初は会員が少ないので取引も少ないのがバータークラブの大変なところです。それでもなぜ参加されたのですか？

大橋　はい。他の交流会は売ることばかりの会員が多く、こちらの物を買ってもらうのが大変です。そして、販売ができないとすぐに退会してしまう……、つまり長続きしない人が多いです。その点、バータークラブは購入から始められるので楽ですし、退会者も少ないので親近感が増してきます。

私が最初から参加したのは、この組織が業種制限をしているからです。会員が増えてから入会しようと思っても、同一地域に同業者がいると入会できないと聞いています。

野崎　そうなんです。同業者のバッティングを防ぐために先着順としています。

また、大橋さんには郡山市で「商談交流会」を開いて頂いています。いわば福島支部とも言えるものですが、お陰様で福島県の会員が増えてきました。私も毎月郡山の会合に出掛けて行くのが楽しみです。

大橋　はい。いくら全国ネットで仕事をしていても、地元の取引に勝るものはないです。
それで地元の知り合いを会員にしたり、商談交流会を開催したりしています。

野崎　郡山に行くと、現金を使わずバーターポイントだけで用が足りるようになってきました。ラーメン店、居酒屋、スナックなどの飲食代。宿泊代、マッサージ代、レンタカー代、そしてお土産までがポイントで買えます。やはり地方の良いところは、地元の方同士が普段からのお付き合いを大切にされていることですね。
ところで、大橋さんは会員の中で最も取引が多いのですが、何かコツはあるのですか？

大橋　はい、心掛けていることがいくつかあります。まず東京も含めて商談交流会には必ず出席するようにしています。それから、自社の取引先に会員になるように勧めています。そうすることによって普段の取引が増えます。また、新会員が入会した時、できる限り注文をするようにしています。それも誰よりも早くです。新会員は不安を持ちながら入会してきますので、一番に注文を出すと私のことを一生覚えていてくれます（笑）。後で必ず弊社に注文をしてくれます。

野崎　なるほど、だからほとんどの会員は大橋さんのことを知っているんですね。では会員さんから今までに何を購入されましたか？

大橋　購入した物はたくさんあります。お米、野菜、海産物、お酒、スーツ、ネクタイ、パンツ、靴下、靴、本、飲食券、宿泊券、マッサージ券……。いっぱいあり過ぎてとても思い出せません。会社で使っているコピー機、トナーカートリッジ、事務用品、パンフレット、レンタカー、梱包材、ＬＥＤ電球、ｉＰａｄｍｉｎｉもポイントで購入しました。大きいものでは中古トラックを１７０万ポイントで買ったこともあります。

野崎　下着からトラックまでポイントで買っているとは凄いですね。それで何を販売されましたか？

大橋　はい。業務用エアコンやそれの取付け設備工事。それにステンレス製看板の受注が多いです。他には名入れのステンレスプレートも製作しました。変わったところでは、全自動コーヒーマシン。これは生豆から焙煎までできる優れモノです。後は包丁、雷ガード・タップなどの小物も結構販売しました。

野崎　売る方も積極的にやっていますね。いつも取引ランキングの上位にいるのが分かります。

大橋　入会したからには販売も購入も積極的にやります。もちろん販売はポイントだけではなく現金も入ってきます。バーター比率を考えながらやっています。

野崎　では、これからのバータークラブに望むことや、ビジョンなどをお聞かせ下さい。

大橋　やはり会員が増えることです。会員の理想は欲しい物をバーターポイント１００％で購入できることですので、あらゆる業種を揃えて欲しいです。アメリカやオーストラリアのこの種のクラブでは1万社を超えているところもあると聞いていますので、バータージャパンも早くそれ位になって欲しいです。また、商談交流会も全国の色々な地域で開催して欲しいです。不動産業者もいらっしゃるので、これからは、家賃収入を稼げる貸家などの投資物件も買おうと思っています。

野崎 そうですか。大橋さんには会員拡大も積極的にやって頂いていますので、私共も早くメンバーを増やして、なんでもポイントで購入できるクラブにしたいと思っています。また、全国各地で商談交流会が開催できるように事務局も頑張りますので、今後ともご協力よろしくお願いいします。

ところで話は飛びますが、大橋さんは、カラオケが上手でプロを目指したこともあったと伺っておりますが？

大橋 お恥ずかしい限りですが……。歌うのは大好きです。

野崎 私も何度かお聴きしましたが、まずレパートリーの多さに驚きました。演歌からロックまで。私とエグザイルもハモりましたね（笑）。また音域も凄く広く、私の知っている中では男性で一番です。相当授業料も払いましたね？（笑）

大橋 いいえ。今はもっぱら会員のお店で歌っています。ポイントが使えるのでついつい足が向いてしまいます。

野崎 そうですか。大橋さんには、仕事でもプライベートでもポイントをたくさん使って頂いており感謝します。

カラオケは健康にも良いと言いますので、これからも大いに歌って下さい。ただ、お酒の飲み過ぎには注意して益々のご活躍をお祈りします。

本日はお忙しい中、本当にありがとうございました。

大橋 ありがとうございました。

空き部屋を利用して、バーターでリフォームをした温泉旅館

『栄枯盛衰。夏草や兵どもが夢の跡』


20年振りに磐梯熱海温泉街を訪ねました。

バブル当時の面影はなく、廃墟と朽ちた旅館や商店が目立ちます。

ここは福島県の真ん中に位置し、以前は郡山の奥座敷として賑わいを見せた温泉地です。鎌倉時代、京の萩姫が「都より東北方へ５００本目の川岸に霊泉あり、その湯に浸かれば病も全快する」とのお告げを聞き、温泉が発見されたと伝えられています。

福島県と聞くとすぐ原発事故の放射能漏れを想像されますが、ここは福島第一原発から80kmも離れており、影響はまったくありません。風評被害で多くの人々や産業が苦しんでいますがここもその中のひとつです。

その磐梯熱海温泉旅館街の中の旅館、一鳳館は会員企業の一社です。企業の社員旅行、宴会等々が減少する中で、あの未曾有の震災です。会津地方では修学旅行のキャンセルも相次いだとか。危機感からという入会動機とてもよく理解できます。

経営者の女将さんはとても80歳代には見えないくらい、自動車の運転からパソコン操作まで、ご

自分でなさる行動派です。この旅館は源泉かけ流し温泉で肌がツルツルになるのが特徴です。

宿泊代、宴会代、お土産、飲食代の全てがバーターポイントでＯＫ。会員の反応は上々です。地元の会員だけではなく、首都圏からも社員旅行や家族旅行の利用者が増えてきました。私も福島出張の定宿として度々利用しています。昨年バータージャパンの恒例忘年会の宴会と宿泊もここでお願いしました。

入会後の販売金額も２００万円を超え、会員の認知度もますます上がって来ましたので、今後も大いに期待できる会員さんです。

一方、購入されたのは館内外改装リフォーム・工事代、冷凍庫、食材仕入……等々です。

女将さんに聞くと今後は自動車、ＯＡ機器、事務用品、パンフレット印刷、お土産品等の購入もポイントで、と検討しているとのことです。

「空き部屋」の有効活用でバーター取引の成立です。旅館・ホテル業の「空き部屋」は在庫として持ち越せません。その日が勝負です。この遊んでいる「空き部屋」がバータークラブでは稼いでくれるのです。

現在、磐梯熱海温泉旅館は24軒ありますが、バッティングのないように、磐梯熱海温泉ではこの旅館だけで、他は入会不可としています。

磐梯熱海温泉　旅館　一鳳館

http://www.ichihoukan.jp/

農産物と大型プリンターをバーター取引した土地区画整理事業会社

インターネットと宅配便の普及により、ネット直販が全国的規模で急速に発達してきました。地域生産者から消費者に直売するのも、今日では珍しくなくなりました。

会員企業の株式会社ノーマもそのひとつです。この会社は神奈川県厚木市にあり、事業内容は次の通りです。

1　都市の総合整備事業の調査研究に関するコンサルタント業務
2　土地区画整理事業に関するコンサルタント業務
3　土地造成事業に関するコンサルタント業務
4　個人の土地資産活用に関するコンサルタント業務
5　佐渡の農産物・海産物の販売仲介

この会社の主な業務は土地に関するコンサルタントですので、5番目の佐渡の農産物・海産物の販売仲介というのが違和感を与えます。代表の河原清社長に素朴な疑問として尋ねると、実家が佐渡島で農業を営んでいて、そこの生産物を直売したのが始まりとのことです。

主力商品のコシヒカリについて、社長の実兄である河原俊治さんは次のように語っています。

「新潟県のお米といえば魚沼産が有名ですが、佐渡産も日本穀物検定委員会における食味ランクでは、魚沼産に続き第２位の評価を得ております。私達が作るお米は、佐渡の中央部に位置する国仲平野で採れたものです。こんな顔ですが、『顔の見える生産物』として、お米の美味しさには自信を持っております。どうぞ、佐渡の農家でとれた混じりっけ無し、純度１００％のコシヒカリ米をお召し上がりください」

また、乾燥しいたけについては、「佐渡の小佐渡の山から原木を切りだし、そこに、菌を打ち自宅のビニールハウスで育てた椎茸〝どんこ〟(肉厚)までに成長したものを乾燥機にかけたものです。健康と美容によいと評判のしいたけを是非ご賞味ください」とのことです。

当初、この会社は神奈川県内にある米屋さん、酒屋さん、飲食店に卸販売をしたり、ネットショッピングモールの２店舗に出店したりしていました。ところが、ネットショッピングの反応ははかばかしくなく、費用対効果を考えると採算が取れていない状況が続いていました。コシヒカリの場合は価格を下げれば売れるということは分かっていました。

モールではとかくお米の出店数が多く、完全に価格競争に陥っていましたが、丹精込めて作ったお米を、そんなに安くは売りたくなかったのです。

そんなところに私と出会って、バーターでの販売を薦めたのですが、最初「もうネット販売は２社もやっているのでお断りします」との返事でした。

けれども、「バーターオンラインシステムは見た目にはネット直販と同じようですが、適正価格でも十分に売れるような取り組みですので、1年間だけでも試して下さい」と自信を持って勧め、入会していただきました。

入会当時は20数社の会員企業しかいませんでしたが、商品登録を済ませると3ヵ月間で26件の注文が入りました。なんと、これはネットショッピングの十数倍の反応なのです。

知人から紹介された、佐渡の山郷にある水田で古代米稲作をされている佐々木勲さんの商品も扱うようになりました。山間部の水田は平野部と違って生産効率が悪く、コシヒカリのような大量生産品には不向きです。古代米や雑穀米のような付加価値のある物でないと、採算が難しいのです。

古代から作られ、食べられていたモチ米を、新潟大学農学部のアドバイスをもらったり、古い資料を集めたりして佐々木さん自身が研究を重ね、現代に蘇らせた古代米です。農協では供給量が少なすぎると相手にされなかったので、直販ルートを探されていました。

また、冷めても硬くなりにくい低アミノース米と赤米・いなきびをブレンドした「花いちもんめ」も製造されています。これらは賞味期限を長くするために、真空パックされています。

その後、株式会社ノーマでは季節によりサクランボ、枝豆、柿など、実家のみならず知人の商品も登録するようになりました。更には佐渡の海産物である、カニ・イカ・ブリ・サザエ・アワビ等の商品も取扱い始めました。

食材は特に、購入者が一度美味しいと感じるとリピートしてくれるという利点があります。当初は1年間だけの入会と考えていたようですが、すでに3年目に入り、ますます取引数を増やしています。

河原社長は「今後は各生産者が直接クラブに参加してメリットを享受できるよう勧めたい」と語っています。また、出身地である佐渡島の地域の方々にとても喜ばれているので、今後も引き続き力になりたいと考えているようです。

生産者　河原俊治

生産者　佐々木　勲

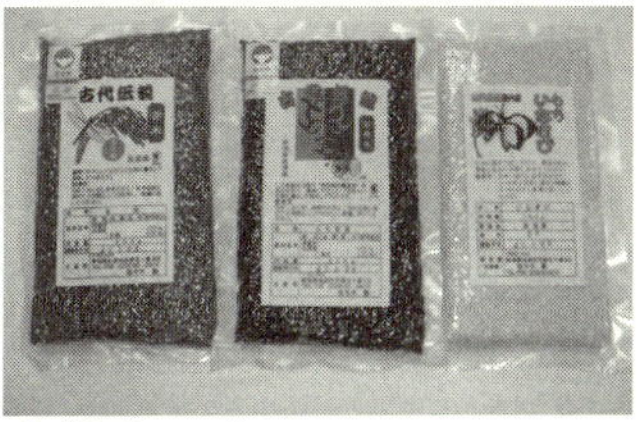

古代米3点セット

花いちもんめ

他県まで商圏を広げた高級ブティック

ここは都心から電車で約1時間半、のどかな田園風景に囲まれた埼玉県東部の街、幸手《さって》市です。江戸時代には日光御成街道《おなりかいどう》と日光街道（奥州街道）の合流点に位置する宿場町として栄えていました。市内には徳川将軍が日光東照宮へ墓参する際に立ち寄った聖福寺や、明治天皇が行幸した折に宿泊した行在所跡が残っています。また、県内随一の桜の名所・権現堂堤も季節には観光客で賑わいます。

駅から徒歩7分の市街地のほぼ真ん中に位置するのが、ファッションハウス・シルクさんの店舗です。

入口のガラスドアを開けると、可愛い小さな白い犬がしっぽを振って出迎えてくれました。お店の看板娘（？）のランちゃん。なんと体重がわずか2kgほどの超小型犬です。

店内を見回すと、婦人服・バッグ・靴・小物などが所狭しと並べられています。ショーケースを覗いてみると、なんと目を見張るばかりの高級時計や宝飾品がズラリ。数百万円するものが並んでいます。

開業30周年を過ぎた、社長と美人奥様のご夫婦が経営する高級ブティックです。お客様の話によれば、銀座に行かなくてもシルクさんに商品は揃っているし、いい物がいっぱいあるとのこと。確かに県内のブティックでは見られないほどに質、量ともに充実しているのが分かります。
　また、定期的に高級バッグ・コート・宝飾品・眼鏡・呉服等のイベント販売も開催し、お客様を楽しませているそうです。

　主要商品は婦人用ですが、紳士用も取り扱うので、会員企業向けにネクタイ、靴、シャツ、財布などを販売してもらっています。中でもオーダースーツの受注は好評で、すでに30着は超えています。採寸は都内の提携業者がやって下さるので、皆さんも気軽に利用しています。

　普段は幸手市内や近郊のお客様がほとんどですが、入会したお陰で、商圏が広がったと喜んで頂いております。

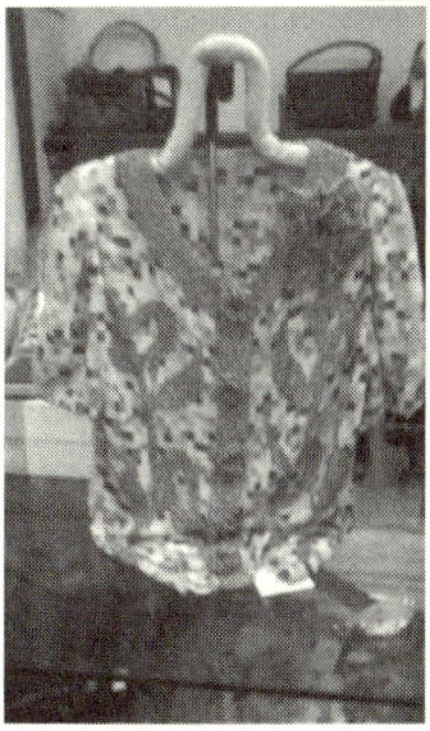

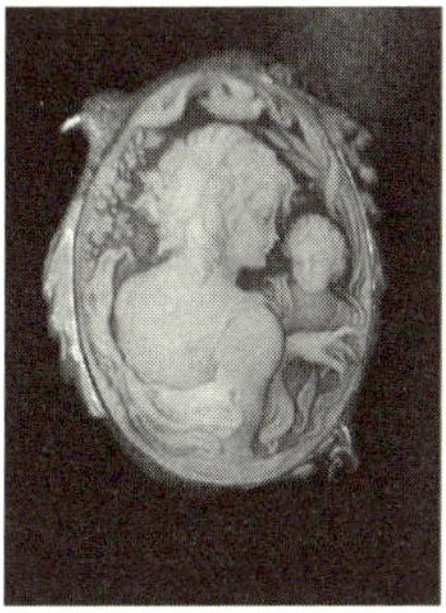

セゾン工業株式会社

大橋博社長

http://www.saison-inc.com/

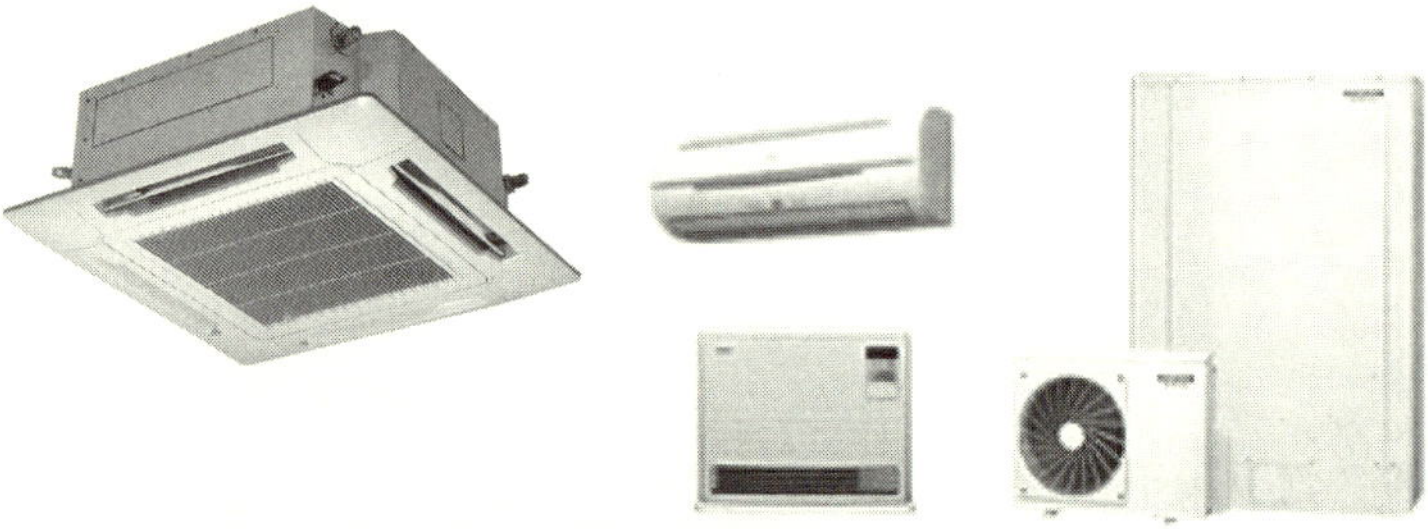

◇事業内容

1　空調設備工事、換気・ダクト設備工事

2　ステンレス製品製造

◇販売商品・サービス

●ステンレス製ネームプレート１	12.600円
●清綱複合ステン片刃出刃包丁	6.500円
●特注置台	199.810円
●天井パッケージエアコン	402.150円
●全自動コーヒーマシン	29.800円
●ステンレス電飾サイン	561.750円
●空調設備工事	1.557.150円
●雷ガード・テーブルタップ	1.100円

◇購入商品・サービス

●玄関ドア後付式電子錠	250.000円
●飲食券3000円券	30.000円
●ＬＥＤ電球一式	129.717円
●本ずわいがに肩１kg	4.200円
●スタッドレスタイヤ６本	138.000円
●３ｔ車載車レンタル	23.100円
●会社案内状	110.670円
●写真撮影	15.000円

株式会社シンシア

渡辺悦男社長

http://www.sincere-ltd.com/

◇事業内容

1　戸建住宅・集合住宅・店舗・介護施設などの営繕修理、
　　および改修改装工事（リォーム）

2　セキュリティ関連（後付式オートロックの販売、取付）

3　看板サイン、シルク印刷、出力物の経師

◇販売商品・サービス

●玄関ドア後付式電子錠	250.000 円
●管理物件住宅のリフォーム工事	339.000 円
●店舗改修工事	500.000 円
●ＵＢ換気扇　特殊加工・取替工事	93.000 円
●旅館 館内改装工事	474.700 円
●ブラインド作成および取替	79.000 円
●トラック荷台の床材貼替え	147.000 円
●什器修理	28.000 円

◇購入商品・サービス

●二つ折り名刺印刷	24.075 円
●法人登記・営業許可	115.500 円
●道路占有許可申請	50.000 円
● Canon インクジェット複合機	37.800 円
●ミニキャブトラック	370.000 円
●スタッドレスタイヤ、４本セット	210.000 円
●ステンレス貼り工事	285.600 円
●フード撤去運搬工事	130.200 円

株式会社ティーアンドアイ

田中正男社長

http://www.carsales.jp/

◇事業内容

1　国産・外車・バン・トラック買取り

2　新車・中古車販売

3　車の修理、板金、車検

◇販売商品・サービス

●車検代	120.000円
●スタッドレスタイヤ	46.000円
●一般整備　フロントウィンドウ	91.560円
●ニッサン　リバティ	399.365円
●ミニキャブバン	360.000円
●キャンターゲート付き	1.710.000円
●ミニキャブトラック	370.000円
●タイヤチェーン	6.000円

◇購入商品・サービス

●ホームページ改修作業	150.000円
●レンタルサーバー年間契約費用	57.000円
●電動スクーター　Ｄｅｎｂａ50	198.000円
● iPad 32G 4G モデル	644.175円
●年賀状、チラシ	102.250円
●レーダー探知機	23.100円
●整体マッサージ	4.000円
●実印・銀行印２つセット	50.600円

ランドマークホールディングス株式会社

藤原賢一社長

◇事業内容

全国チェーン居酒屋「村さ来」東北地区本部

手羽藩・七福神・らーめん店・山小屋の経営

《宮城県》

居酒屋　全国鶏行脚ぱたぱた家　仙台長町店

居酒屋　村さ来　仙台長町店

居酒屋　村さ来　仙台大和店

鉄板居酒屋　七福神　長町店

九州筑豊らーめん　山小屋　北仙台駅前店

《福島県》

居酒屋　囲炉家　村さ来　朝日二番街店

居酒屋　ゆるりと菜　村さ来　桑野店

居酒屋　ゆるりと菜　村さ来　南福島店

居酒屋　ゆるりと菜　村さ来　須賀川店

居酒屋　全国鶏行脚　ぱたぱた家　郡山桑野店

九州筑豊らーめん　山小屋　朝日店

九州筑豊らーめん　山小屋　開成店

◇販売商品・サービス

●ランドマークグループ店共通ご飲食1000円券　30.000円
●ランドマークグループ店共通ご飲食3000円券　45.000円
●ランドマークグループ店共通ご飲食5000円券　10.000円
●吟醸酒1800ml「福島から感謝の心でありがとう」4.600円
●日本酒　越乃寒梅　醸造酒　1800ml　8.400円
●日本酒　八海山　醸造酒　1800ml　2.800円
●いわきゴールド椎茸焼酎　親子幸　9.200円
●「第35回郡山商談交流会」会費　4.000円

◇購入商品・サービス

●村さ来・南福島店　店内改装工事　300.000円
●村さ来・須賀川店　店舗改修工事　500.000円
●ぱたぱた家桑野店追加改修工事　160.000円
● PhilPort会議室　使用料　26.775円
●紳士　革靴　26.250円
●ゴルフバッグ　ネームプレート　2.500円
●和カフェかまわぬ　ランチチケット　10.000円
●舞茸そば　500円

株式会社ノーマ

河原清社長

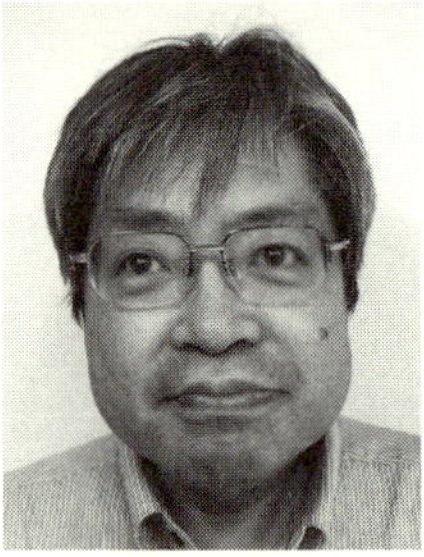

http://www.k-norma.com/sado/index.html

◇事業内容

1　都市の総合整備事業の調査研究に関するコンサルタント業務

2　土地区画整理事業に関するコンサルタント業務

3　土地造成事業に関するコンサルタント業務

4　個人の土地資産活用に関するコンサルタント業務

5　佐渡の農産物・海産物の販売仲介

◇販売商品・サービス

●佐渡産コシヒカリ米	20.000円
●古代米３点セット	10.000円
●サクランボ　佐藤錦	9.000円
●生椎茸	29.000円
●おけさ柿　Ｌ	4.500円
●活サザエと活アワビセット	14.500円
●カニ４杯セット（大）	26.000円
●寒ブリ	6.000円

◇購入商品・サービス

●大判プリンター　HP Designjet シリーズ	506.415円
●日本酒　越乃寒梅　醸造酒	12.000円
●圧力ＩＨ炊飯ジャー	27.000円
●ＬＥＤ蛍光灯タイプ	422.100円
●ＬＥＤ取付工事代金	39.900円
●マルチシュレッダー <S-tray>	53.550円
●ネクタイ２本	11.600円
●スマートオフィス（事務用品通販）	21.409円

エムシーエス株式会社

三井博康社長

http://www.mcscorp.co.jp/

◇事業内容

1　ホームページ制作

2　ＷＥＢシステム開発、コンサルティング

◇販売商品・サービス

●ホームページリニューアル制作	346.500 円
●セールスページ作成	260.000 円
●ホームページ修正作業	15.000 円
●レンタルサーバー年間契約費用	57.880 円
●ＳＥＯ対策サポート	30.000 円
● Facebook 活用セミナー　参加費	3.000 円
●ホームページ制作	395.430 円
● Facebook 関連個別コンサル	20.000 円

◇購入商品・サービス

●車検代金	120.000 円
●北欧紅茶２缶セット	5.400 円
●ＪＤネット管理システム費	525.000 円
●オフィスチェア	55.650 円
●液晶テレビ　東芝ＲＥＧＺＡ	112.500 円
●不用品回収費	50.000 円
●金麦ビール＆宝焼酎＆アリナミン	33.939 円
●舞茸パウダー　１６０ｇ	7.350 円

有限会社エムプロジェクト

益田典彦社長

http://www.m-pj.com/

◇事業内容

1　会社案内、パンフレット、チラシ、名刺など印刷物の企画制作

2　雑誌、ＰＲ誌、社内報などの企画編集制作

◇販売商品・サービス

●二つ折り名刺印刷	24.075円
●電子ブック制作	45.000円
●年賀状デザイン	10.290円
●セールスページライティング	159.600円
●広告制作 佐渡ジャーナル	8.000円
●封筒＆チラシ	66.255円
●「売れる」広告作り勉強会	17.000円
●横浜ベイサイドマッチング参加費	2.000円

◇購入商品・サービス

●ホテル　御宿泊券	35.600円
●住宅用エアコン　６～８畳用	49.800円
●洗濯機　三洋電機　ＡＱＵＡ	99.800円
●スマートフォンＩＳＷ１１Ｋ機種変更	73.172円
●北海道のおせち料理	28.000円
●肩コリーヌ健康ネックレス	35.000円
●杵つき餅　弘前産（５パック）	5.700円
●ピアノコンサート　入場券	1.500円

第6章

金がないからできない会社は、金があってもできない

バータークラブ活用で超高効率

企業も体質改善して、メタボから脱出しよう

財務体質を強化するためには、まず資金の出入りを見直すことが重要です。売上がどんなに伸びても経費の比率が高ければ利益が喰われてしまいます。

経営には、出るお金と入るお金しかありません。

そして、会社を運営するには絶対的に必要な費用というものがあります。
宣伝広告費、交通費、事務用品費、水道光熱費、通信費、修繕費、租税公課、車両維持費、接待交際費、……等々。

この中で、ポイントで払えるものを考えてみます。給与、水道光熱費、租税公課、通信費はどうしても現金支払いになります。

では、ポイントでの支払いが可能なものを上げてみましょう。パンフレット、カタログ、名刺等の印刷物、事務用品、ＯＡ機器、備品類、車両運搬具、車検・修理費、店舗・事務所のリフォーム工事代、贈答品、飲食代等の接待交際費、ホームページ・ＷＥＢ制作……等々。ポイントで払えるものが多ければ多いほど、現金がセーブでき財務体質強化に繋がります。

また、会社の支払いばかりではなく、個人の支払いも見直して下さい。上場会社や社員数百名以上の規模になると稟議制がとられていることが多いので一人では決裁が難しくなりますが、中小企

業は小回りがきき、決裁も早いのが長所です。

個人支出の見直しは、衣食住です。衣は自分が身に着けるもの。例えば、スーツ・ネクタイ・ワイシャツ・下着類・靴・バッグ、時計等。食はお米も含めた農作物、海産物、加工品、アルコールや飲料等。住は家具、家電、内外装リフォーム、不動産。趣味ではゴルフ用品、バイク、自動車、出版、旅行等。

近所の大型店やネットから購入しても、自社の売上には絶対に結びつきません。まずは会員が取り扱っていないか調べてみましょう。自己消費の会計処理は既に説明したように、会社に現金が残ります。

このようにして会社、個人を問わず詳細まで見直し、バーターポイントで支払える分は切り替えていきましょう。ポイントでの支払いは、やがて売上として戻ってきます。会社もダイエットして、健康的な筋肉体質企業を目指しましょう。

起業したばかりの経営者がうまく顧客開拓をするココだけの情報

サービス業や製造業では、独自のアイデアで素晴らしい商品開発ができても、実用化までが大変です。また、物販業においても新製品の消費者反応は気になるところです。マーケットリサーチを業者などに頼むのも経費が掛かります。

そんな時には、まずバータークラブで商品・サービスの登録をして会員の反応を見てみましょう。バータージャパンのオンラインシステムには、全会員への一斉メール機能も付いているので、新商品の紹介メールを送信すれば簡単に会員の反応を知ることができます。会員にとってポイントでの購入は現金より気軽に行えます。反応が少ない、あるいはまったくない場合は商品自体に魅力がないか、販売価格に問題があります。

そしてバーターポイントで売れない商品・サービスは、一般市場ではさらに売れにくいと予測できます。なぜなら消費者が現金支出にはポイント以上にシビアだからです。


日本における起業環境はとても厳しいものです。私も色々な交流会に参加しますが、起業準備中の方、起業したばかりの方、それに定年後の起業家がとても多く参加されていることに驚かされます。こんなに起業家ばかりで、皆が食べていけるだけの収入が確保できるのかと心配になります。そして、残念ながら多くの起業家が夢破れ、前述の如く数年後には市場から退場させられていきます。そうならないためにも、先程の新商品の市場調査と同様に、自社の需要調査や新規開拓にバータークラブの活用をお勧めしたいのです。

創業期における会社設立費、設備投資、ホームページ制作費、ＰＲ資料印刷費、許認可取得を代行してもらう行政書士への費用等々……。何度も繰り返しますが、クラブ内で調達できるものはすべてが売上として戻ってきます。お金は使うのは簡単ですが、回収するのは容易ではないことを皆さんもよくご存知のことと思います。

そして、最も肝心な顧客開拓。皮算用通りにはいかないことがほとんどです。大事なことなので繰り返しますが、バータークラブはこの新規顧客の開拓に絶大なる威力を発揮します。起業家にとって事業をスピーディーに軌道に乗せるには、バータークラブの利用は必須要件と言ってもいいでしょう。

TPPとバータークラブの共通点

TPP（Trans Pacific Partnership Agreement＝環太平洋経済連携協定）は2002年にチリ、ニュージーランド、シンガポールの3ヵ国間で始まりました。2005年4月、ブルネイも仲間入りしてきました。その後、2008年9月にアメリカ、11月オーストラリア、ペルー、ベトナムと続き2010年10月にマレーシアが加わりました。

当初、チリ、シンガポール、ニュージーランドのP3（パシフィック・スリー）は、経済関係を強化していこうということで出発したのです。いずれも太平洋の小国です。多くの小国がそうであるように、この小国トリオにはそれぞれ気になる大きなお隣さんが存在しています。

チリの場合にはアルゼンチンとブラジルの存在が大きいし、シンガポールにはマレーシアがあります。そして、ニュージーランドにはオーストラリアが隣に控えています。言うなれば何かにつけて意識する大きな隣人です。

そんな圧迫感を共有する小国トリオが結束し、より強い経済的絆を形成しようというのが発足の動機でした。3ヵ国で関税や人材の交流のための非関税障壁を撤廃し、自由貿易で国力を増大しようというのがそもそもの目的だったのです。そこに後から新規参入国が加わり、計9ヵ国になります。日本はご存知のように、今、参加を検討しています。

ヒト、モノ、カネの流れは、遠い昔の大英帝国の帆船時代に始まり、機関車、飛行機の発展とともに国境を越え盛んになってきました。しかし、グローバル時代の現在、経済の国境はほとんど無くなりつつあります。

企業のシェア競争は世界的規模となってきました。国内商圏を考えていた時代と違い、ライバルも世界的強豪を相手にしなければならず、マーケットが広がれば広がるほど強固な経営基盤が必要になってきます。小

さなマーケットであれば勝てる可能性も高いのですが、世界市場ではヘビー級とフェザー級とが同じリングで戦うようなものであり、軽量級は当然ながら不利となります。

Ｐ３の当初の発想は、重量級と同じリングで１対１では勝ち目がないので、タッグを組んで戦おうというところにありました。後になってアメリカというヘビー級が参加してきたので、果たしてどうなることでしょう。

バータークラブのそもそもの発想も全く同じところにあります。中小零細企業が大手企業と同じリングで戦っても勝敗は初めから分かりきっています。やはり、小さい者同士で協定を組み、グループとして経済的絆を強化できるところにメリットがあります。

現代のわらしべ長者

『今昔物語集』のおとぎ話に登場するわらしべ長者の話は有名です。

ある貧乏な男が道で拾ったワラから次々と物々交換をしていき、最後は大金持ちになる話です。

藁稭《ワラシベ》→みかん→反物→馬→屋敷

という順序で、次第によりよい物と物々交換をしていくというお話です。

次々に物々交換をしていくとなぜ最後はお金持ちになっていくのかをバータークラブ的に考えてみました。

物々交換の時代は、貨幣経済でいう商品価格は存在せず、需要と供給が合致することが交換の第一条件でした。

この話に出てくる「みかん」と「反物」は明らかに貨幣価値が違いますが、等価交換されます。貨幣を基礎とした交換基準が定まると、商品価値は「一物一価の法則」に近づいていきます。現代社会では、経済的優位な地位にいる強者（大手企業）が価値決定者になり、反対に弱者は不利になります。

そこで、経済的弱者は強者のいる土俵をなるべく避け、等価交換の世界、すなわち物々交換で取引した方が、現在の「わらしべ長者」になれる可能性が高いのです。

いつも物々交換で必要な物やサービスを手に入れることができれば、現金でよりも有利になります。もちろん物々交換で手に入れる場合であっても、現金と同じ価格でという前提条件は付きますが。

わらしべ長者のようにいつも物々交換をしていれば、現金で購入

している人に比べて有利なのです。

遠い昔話だからと言わず、貨幣経済の現代でも物々交換を見直してみる必要がありそうです。通常の物々交換は相手を探すのが難しいですが、バータークラブではそれがとても容易にできます。

過剰在庫や売れ残りを一掃させるテクニック

辺境の田舎に住んでいた小学生の頃、近所の「カバン店」が裏庭で新品のカバンを燃やしているのを見て驚いた記憶があります。その人に「どうして？」と尋ねたら、在庫処分だからと返答がありました。

子供心にも、モッタイナイと思い「なぜ、人にあげないの？」と問うてみました。曰く、小さな町の中の唯一の店だから、人にあげたらお金を払って買わなくなるし、一度安売りをしたら次からは誰も定価で買わなくなるからと言われました。パソコンどころか電話がようやく普及し始めた遠い昔話です。

現在、インターネットによってあらゆる種類の情報が手に入るので、過剰在庫や売れ残り品を焼却処分にしなくてもよい時代になりました。

それでも、現金で処分するとなると仕入原価よりも安くせざるをえなくなる場合も多いのです。それまでにせっかく手に入れた利益が、在庫処分によって損失を出しては何にもなりません。せめて利益は出ないまでも損をしたくないものです。

そんな場合は現金処分ではなく、物々交換にした方が有利です。物々交換は価格設定が緩やかなので、現金処分ほど損失を出さなくて済みます。バーター取引を有効に利用して販売機会を広げるのも一つの方法です。

最近ではリスクを警戒し、在庫を持たず、つまり受注をしてから仕入をする商売が多くなりました。ただしこの場合は、手数料稼ぎと同じようなものになってしまい利益率がずっと低かったり、販売の機会ロスが出たりで、やはりハイリスク・ハイリターン（ローリスクにはローリターン）の原則が働きます。

コンビニでは品質管理が厳しく、賞味期限の切れたお弁当やおにぎりを直ちに廃棄処分にしていますので、在庫管理は時代が進んでもあまり発展していないようです。

地球規模で考えると、資源の無駄遣いでなんと愚かな行為でしょうか。合理主義ばかりを追いかけるとそのうちに地球が枯渇してしまいます。

日本で2番目に高い山って知っている？（富士山理論）

朱鷺《とき》の島として知られる佐渡島は、東京23区の約1・4倍もの面積があります。その佐渡島で1番高い山が、標高1171mの金北山《きんぽくさん》です。これは島民のどんな小さな子供にも知られています。

日本一高い富士山は全国のどんな子供にも知られた名前です。しかし、日本で2番目、3番目に高い山となると大人でも知っている人はそんなにはいません。

認知度とは、1番が圧倒的で、それ以下はほとんど知られていないということなのです。

市場においても、自社の認知度は、その業界や地域で1番でない限りはほとんど知られていないというのが現状です。2番目や3番目では知る人がぐっと減ってしまうのです。売り手はたくさんいても、買う方は1人または1社なので、当然1番有名なところから選び始めます。

日本一になることはとても難しいですが、せめて佐渡島1番を目指すべきです。そうすればその地域のほとんどの人に知れ渡ります。

以前、スーパーコンピューターの〝事業仕分け〟においてある女性国会議員が「世界一になる理由は何があるんでしょうか？」「2位じゃダメなんでしょうか？」と質問をしていましたが、マーケティングにおいては2位ではだめなんです。

私が長年携わってきた宝飾業界の知人達は、仕事がうまく行き、資金に余裕ができると「銀座」

に店舗を構えます。けれども誰一人として成功したという話を聞いたことがありません。日本の一等地、いや世界の一等地の「銀座」では老舗や一流のブランド店などの強豪が多く、中小の宝石商ではなかなか一番になれないからです。

限られた資金力ならば、軽井沢や秩父に出店し、そこで１番を目指していれば成功率は上がっていたのに、といつも思います（決して軽井沢や秩父を見下している訳ではありませんが）。

流通業界最大手のセブン&アイホールディングスのイトーヨーカ堂ですら、デパート進出の際には、都心や県庁所在地を避け、百貨店空白地帯であった埼玉県春日部市に最初のロビンソン百貨店を出店させました。

弱者が生き残るためには、強者がいない「局地戦」をすべく地域を絞り込むことです。銀座は、もっと力をつけた後から狙うべきなのです。

ちなみに、日本第２位は標高３１９３ｍの南アルプスの北岳《きただけ》です。

「支払いの差別化」がライバル会社を追い抜く

競合相手との差別化と聞くと、まず一番目に思いつくのが価格です。相手より見積りをより安く出し、受注に結び付けようとします。

　次にサービスです。他社よりもビフォアサービス・アフターサービスを充実させて差別化を図ります。

　日本国内のように、市場が縮小している場合はどの企業も生き残りをかけてこれをやりますので、価格やサービスではあまり差がなく、別に珍しくもありません。どちらにしても、やり過ぎると利益が無くなりますし、経費だけがかかり経営を圧迫します。

　差別化の数値として、３割の法則があります。

　１００人以上の大衆の面前での実験です。長さが異なるまっすぐの細い棒を４本用意します。長さは１・０ｍ、１・１ｍ、１・２ｍ、１・３ｍです。まず、１・０ｍの棒を掲げ、長さを感覚的に覚えてもらいます。それを隠して、次に１・１ｍの棒を掲げ、先程の棒と比べ今度の方が長いと思う人に手を挙げてもらいます。手はパラパラとしか上がりません。次には、１・１ｍを隠し１・２ｍの棒を掲げ、最初の棒と比べて長いと思うか尋ねると、半数位の手が上がります。最後に１・３ｍの棒を挙げて同じ質問をします。するとほとんどの人の手が上がります。つまり数値としての差別化とは、３割以上でないと、感覚として認識できないということなのです。

　商店街に新規で出店する場合には、既存のライバル同業店の間口の広さを調査します。それが例えば10ｍあるとしたら、新規店舗では13ｍ以上の間口でないと消費者は店の大きさを感じません。

広さでしたら１・３×１・３で１・６９倍です。既存店が１００坪でしたら１７０坪以上の面積で新規出店をしないと、差別化にはなりません。

大店法廃止以後、郊外に出店する店舗が大型化してきたのは、この差別化の数値を取り入れているからです。ハコが大きい分、商品を豊富に陳列できるので、集客力に差が出てきて有利になります。資金力のある大手企業に対して、スケール競争においては中小企業では限界があります。大手企業同士では、スクラップ＆ビルドで小型店舗は解体し、大型店舗化という厳しい競争をすることになります。

そこで、もっと違う、誰もやっていない画期的な方法で競合他社と差をつけてみてはいかがでしょうか。それが支払い方法の差別化です。

相手からの支払いを、現金ではなくもちろん手形やローンでもない方法、すなわち、その会社が販売したい品物で払ってもらうのです。これには物品だけでなく、サービス等も含まれます。すなわち、バーター取引の提案です。

例えば、東京には無数のビジネスホテルがあります。宿泊客を獲得するために値引きをし、各種のサービスを提供しています。それでも稼働率は低下するばかりです。他社もやっているのであまり差別化になっていないからですね。

そこで、宿泊費を現金ではなく、宿泊客の持っている商品・サービスで受け取るのです。そうすれば、確実に宿泊客は増えます。特に営業の出張で宿泊するビジネスマンには受けると思われます。

これが、支払いの差別化です。ホテルの空室は在庫として持ち越せません。その日が勝負です。泊まる側からすると、現金は出て行かないし、自社商品は販売できるし、間違いなくそのホテルを選択することでしょう。価格割引やサービスやスケールでの差別化よりも、ずっと大きな効果があがります。

バータークラブの会員企業は、このシステムを利用して、確実に競合他社より売上を上げています。

「支払いの差別化」は、ランチェスター戦略でいう武器効率に当たります。

宮本武蔵や織田信長も知っていたランチェスター戦略

◆ランチェスター第１法則（局地戦）
戦闘力＝武器効率×兵力数
◆ランチェスター第２法則（広域戦）
戦闘力＝武器効率×兵力数の２乗

剣豪・宮本武蔵でも武芸者2人と同時に真正面から戦うとなると簡単に倒すことはできません。ましてや3人同時となると、たとえ勝っても無傷とはいかないでしょう。これは、剣道や空手等の格闘技を経験した人なら誰でも分かります。いくら強いと言っても同時に3人以上相手ではほぼ勝ち目がありません。

だから武蔵でさえ一対多数を避け、あぜ道に誘いこんだり、走ったりして一対一に持ち込むような方法でしか闘わなかったのです。

「五輪書」には、生涯60数回の勝負で一度も負けたことがないと書かれています。

戦国武将の織田信長対今川義元は、3千人対2万5千人のほぼ10倍近い勢力差での戦いでした。桶狭間には今川勢は旗本数百人が分散しているのみ。そこに精鋭2千騎で信長が襲いかかり勝利しました。これも偶然ではなく、戦う場面を見極めたから勝ったのです。

第2次世界大戦緒戦時、日本軍はグアム、サイパン、ガダルカナルなどの太平洋の島々を占領していました。米国軍はＯＲ（オペーレーションリサーチ）チームに調査させ、日本軍の兵力数や武器を正確に把握させました。そしてその3倍以上の兵力数と、武器効率で上陸作戦を敢行したのです。結果は周知のとおりです。

勝ちたければ兵力を増やすか、武器を磨くしかない。宮本武蔵は二刀流（二天一流）を編み出し、織田信長は超長槍（3間半）や鉄砲を導入して武器効率を上げました。米軍は長距離爆撃機Ｂ―29

を開発しました。

中小零細企業にとって「バーターシステム」は、新たなる強力な武器の一つになると思います。

◆売上　＝　質　×　訪問件数の2乗

質とは商品力、説明力、人材力等です。質を磨き、訪問件数を増やすしか売上を上げる方法はないということなのです。訪問件数を増やすには地域戦略・戦術の研究も重要です。ＩＴ時代の訪問件数はＳＥＯ対策や「いいね！」数でしょうか？

『孫子の兵法』を実践する

「正」と「奇」を組み合わせること

戦勢不過奇正、奇正之変不可勝窮也。

戦勢は奇正に過ぎざるも、奇正の変は勝《あ》げて窮《きわ》むべからず。

（孫子　兵勢篇）

《豊臣秀吉の合戦名と兵力数》

1580 年	鳥取城の攻撃	20.000 人	山名豊国方	4.000 人
1582 年	高松城水攻め	30.000 人	清水宗治方	5.000 人
1582 年	山崎の合戦	40.000 人	明智光秀方	17.000 人
1583 年	賤ヶ岳の合戦	75.000 人	佐久間盛政方	15.000 人
1583 年	小牧長久手の合戦	100.000 人	徳川・北島連合	15.000 人
1590 年	小田原城の攻撃	300.000 人	北上氏政方	56.000 人

《太平洋戦争における日本とアメリカ両軍の兵力数》

島名	日本軍（初期兵力数）	アメリカ軍（初期兵力数）	アメリカ軍（残存兵力数）
タラワ	4.000	17.000	13.800
マキン	700	7.000	6.700
クエゼリン	8.800	34.000	31.800
エニウェトワ	2.200	10.000	9.000
サイパン	30.000	68.000	53.100
テニアン	4.500	40.000	37.800
グアム	18.500	60.000	50.200
ペリリュー	10.500	25.000	19.000
アンガウル	3.000	10.000	8.300
硫黄島	22.000	61.000	41.800

アメリカ軍は「サンイチ」の理論を戦略上の重要なノウハウの一つとしていた。常に日本軍の３倍の兵力で上陸していくことを原則としていた。

戦い方は、大別すれば正攻法と奇手との二つがあるだけですが、これを組み合わせることによって、無数の戦い方が出てきます。「正」を実現するためには時として「奇」が必要であり、一方「奇」は「正」があって初めて力を発揮します。「正」一本槍ではうまくいかないし、「奇」だけでも策に溺れて失敗します。

バーター取引は「奇」です。「正」である現金取引との組み合わせによって、さらに経営力が向上します。力のある大手企業を相手にする場合は、正攻法だけでは到底かないません。

自由競争の先駆者アメリカで、新興会社や弱者企業が生き残りをかけて考え出されたのがバーターシステムなのです。

「無人の地」を行く成功法則

出其所必趨、趨其所不意、行千里而不労者、行於無人之地也。

その必ず趨《おもむく》ところに出《い》で、その意《おも》わざるところに趨き、千里を行きて労せざるは、無人の地を行けばなり。

（孫子　虚実篇）

敵がきっとやって来る所で待ち伏せする。そうかと思うと、敵の思いもかけない所に打って出る。しかも、そのために遠い道のりを行軍しても疲れることがない。こんな風にできるのは、敵のいない所を選んで行くからである。

競争は進歩の源泉ですが、無用な競合はエネルギーの浪費です。それよりも、他人のやらないことをやり、「無人の地」を行ったらどうでしょうか。

まさにバーター取引を取り入れた企業戦略です。とかく現在は何とか仕事を受けたいばかりに、価格での勝負に目を奪われがちですが、それでは利益面で身が保ちません。バーター決済などはなかなか提案できない方法なので、「無人の地」であると言えます。

魚のいない場所でいつまでも釣りをするな！

どのように競争の無い市場空間を創造し、競争から無関係になるか。競争の激しい既存市場を「レッド・オーシャン（赤い海、血で血を洗う競争の激しい領域）」とし、競争のない未開拓市場である「ブルー・オーシャン（青い海、競合相手のいない領域）」を切り拓くべきか。

実例として、ヤマハの大型スクーター「マジェスティ」を挙げてみます。

毎朝の通勤ラッシュはサラリーマンにとってつらいものです。「マジェスティ」はビジネスマンが自宅から会社まで快適にダイレクトに通勤できるオートバイというコンセプトで開発されました。通常のオートバイとの違いは、エンジンが露出していないので、オイルによる洋服の汚れやギアチェンジによる靴の傷みがほとんどなく、巨大なトランクや大型スクリーンのため、風雨を遮断できる能力を持つ等々です。

免許取得の費用と時間、維持費、燃費、駐車場スペース、渋滞でも乗用車よりは走れる等の面で乗用車より優れています。

ヤマハはこの、「乗用車」でもなく「オートバイ」でもない「競争のない未開拓市場」を開拓して大成功を収めました。

マイケル・ボーダーの「競争戦略」の差別化には相手が存在していますが、ブルー・オーシャン戦略は競争相手が「まだ」いないのです。

世に戦略論は多数ありますが、自分が弱者であればあるほど、競争相手のいない市場でビジネスをするのが一番の得策であると思います。

新商品やサービスの開発には、多大な時間と資金が掛かります。ヤマハと違い中小零細企業にはそれがなかなかできません。

バータークラブでは多大な資金や時間がなくても、現在販売している物やサービスで期待以上のビジネスを実現できます。なぜなら、「競合相手のいない領域・未開拓市場」だからです。

放映タイトルは、「物々交換で暮らしが変わる!?」ＮＨＫ　ＢＩＺスポワイドで取り上げられた

ある日、外出先から事務所に戻ると「ＮＨＫより取材申し込みの電話あり」とのメモ書きが残っていました。それまでも数社の経済紙や〝マスメディア〟と称するところの取材申し込みを受けてきました。マスコミで会社のことを取り上げてもらえるならば宣伝効果は抜群と思い、期待を込めて話を聞きました。しかし、それらのほとんどは取材が終わると「素晴らしい事業ですね。是非とも記事として取り上げましょう。その代わり、広報料金は○○円になります」という話でした。それも、びっくりするような金額です。

ところがなんと驚いたことに、あの天下のＮＨＫからの取材申し込みです。それも経済情報に力を入れた金曜日放送の「ＢＩＺスポワイド」とのこと。

過去の苦い経験があったので、「放映となると費用はどの位掛かるのですか？」と恐る恐る尋ねると「弊社は民放と違ってお金は一切頂戴いたしません。その代わり取材のギャラも払えませんが

……」と言うではないですか。

それからは放送日の締め切りのこともあり、事業説明、取材日、ロケ場所等の打合せがとんとん拍子に決まりました。知人に言わせると、ＮＨＫで取り上げてもらえれば宣伝効果は少なくとも数百万円以上とのこと。

放映内容は、「物々交換で暮らしが変わる⁉」と題して、一般家庭の個人的な物々交換から不用品の物々交換所、そしてバータージャパンの企業間物々交換という流れでした。企業間物々交換では、オンラインシステムの商品説明から、会員企業のリゾートホテルでの取材と取引実例を放送しました。

そのホテルでは「宿泊券」を販売し、エアコン、ＬＥＤ電球、コーヒーマシンを購入している様子が映し出されました。解説者の星野佳路氏（星野リゾート社長）が、「ホテルの部屋は在庫ができないのです。今日空いている部屋を明日売ることができない。平日空くと分かっている部屋を交換に出せば、ただでＬＥＤライトをもらったようなもので、すごくイイ話ですね」と語っていたのが印象的でした。

長い時間ではありませんでしたが、おかげで知名度が上がり会員申し込みが急増しました。

しかし、そのわずか４ヵ月後の２０１１年３月11日に東北大震災、それに続く福島原発事故が発生してしまいました。このリゾートホテルは福島県いわき市の海岸沿いにありましたが、高台にあったため津波からは難を逃れました。しかし眼下の海沿いの建物は全滅状態です。さらに福島第一原発所から近いイメージがあり、観光客が全く来なくなり、やがて閉鎖することになりました。

全室から太平洋の水平線が一望でき、素晴らしく眺めのよい、私もお気に入りのホテルだったので残念でなりません。

せっかくＮＨＫで取り上げてもらったのに、ホテルは使えなくなり、バータージャパンも会員増停止状態がしばらく続きました。

あの震災から2年経ち、福島県の会員数は東京に次いで増えてきました。現在バータークラブを通して地元での取引や消費を増やすことが復興の一番の支援と考え取り組んでいます。

第7章

バータージャパン　オンラインシステム　操作マニュアル

この章では、オンラインシステムの機能や使い方を詳述します。

もちろん入会時にはマニュアルをお渡しし、分からない箇所や問題がある場合には事務局がサポートしますが、このシステムの使い易さや利便性をよりご理解いただくために、ここで画像を見ながら流れが分かるように紹介することにしました。

都合により画像が少し粗く、見づらい面もありますが、ご容赦いただけますと幸いです。

バータージャパンオンラインシステム

操作マニュアル　―最初の操作―

1　会員になった時「配布」される、ユーザＩＤとパスワードで会員操作画面にログインします。

新規登録される方は、「新しく登録される方はこちら」をクリックし、表示された画面の各項目を入力してください。

入力された内容が、登録したメールアドレスへ返信されます。

登録後、事務局の承認が得られてから、ログイン可能になります。

2　ログインすると、上図のような画面が表示されます。

▼重要なお知らせ：

ここには、ログインされた方の現在の状況について、コメントが表示されます。

問題がある場合は、このコメントをクリックすると解決する画面が表示されますので、それに従います。

「解決する画面」に示されたタイトルから、操作方法を参照してください。

▼事務局からのおしらせ：

バータージャパン事務局からのお知らせがある場合は、ここに発信された日付とともにタイトルが表示されます。

タイトルをクリックすると、お知らせの詳細画面が表示されますので、必ずお読みください。

画面の上の方にある「ホームページ」「商品検索」「企業一覧」「フォーラム」「利用規約」「お知らせ」「ヘルプ」「ログオフ」のことを、トップメニューと呼びます。

左サイドにあるメニューバーはサイドメニューと呼び、2つの項目に分かれています。

「メニュー」と「マイメニュー」です。

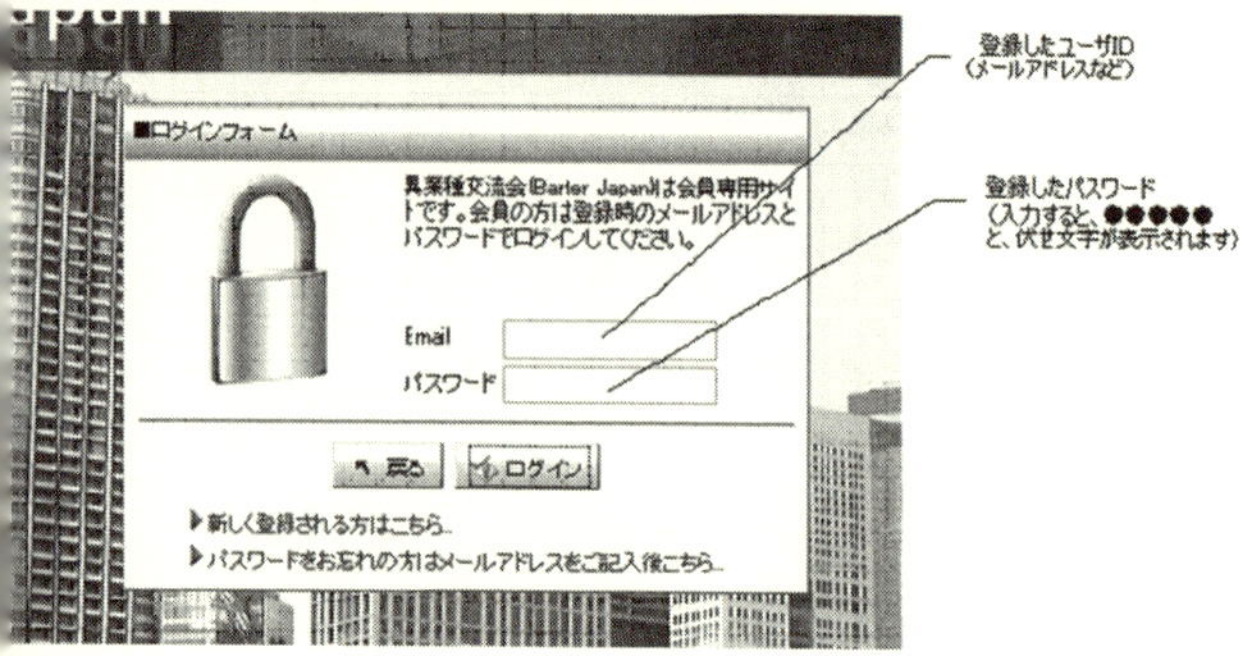

「メニュー」の項目は、ログインした方が、他のメンバーのページから買い物をしたり、情報を見たり、その会員にメールを送信したりする機能です。

詳細な操作は、次ページ以降で順次説明いたします。

この機能は、トップメニューにある「企業一覧」と連携していますので注意してください。

「マイメニュー」の項目は、自身のページ（情報）を操作する機能です。ここで自身が販売する商品、あるいはサービスなどの情報の編集などを行います。

また、取引が発生したあとの「納品台帳」記載から「未決済伝票」の操作まで、事務的な処理なども行います。

これらの使い方については、次ページ以降で順次説明いたします。

［トップメニューの説明］

1 「ホームページ」

最初に表示されるトップページのことです。このボタンをクリックしますと、どのページからでもこの最初の画面に戻れます。

2 「商品検索」

各会員が登録している商品を、さまざまなカテゴリーで検索することができます。

「すべて」のままで検索をしますと、情報が多くなりすぎます。それを回避する目的で、何も表示されないようにしてあります。

いずれかのカテゴリーを選んで、検索をクリックしてください。

右側の入力フィールドは、カテゴリーの中から、商品名に含まれる文字列を入力し、表示される商品を絞るために使用します。

例えば「家電品」というカテゴリーを選択して、右側入力フィールドに「テレビ」と入力しますと、商品名に「テレビ」と入っている商品だけがリストアップされます。

新着順か50音順か、あるいは価格順で表示されます。どれにするかは右のラジオボタンをクリックして決定します。

3 「企業一覧」

現在、バータージャパンに登録されている企業の一覧が表示されます。商品一覧から一つの商品を選択（詳細表示からクリック）した場合、そこにメーカーが表示されますが、その名前はこの企業一覧に必ずあります。

企業名をクリックしますと、その会社のホームページが表示されます。逆に言いますと自身のホームページも見られることになるわけです。

会員になった直後はまだページができていませんから、上記のように表示されます。

ここで「ホームページ」が二つ出てきました。一つはログインしたときに表示されるページ、そしてもう一つが、この会社ごとのホームページです。混乱を避けるために、会社ごとのページをトップページと呼ぶことにしています。

トップページですから、ここから複数のページにリンクを張ることも可能です。ただし、バータージャパン内部（会員同士）ではポイント取引が可能ですが、外部とはそうは行きません。

外部にページを用意するには、注意が必要です。

自身のトップページをつくるには、左側のマイメニューの中にある「トップページの編集」をクリックします。

そのあとの操作は、「トップページの編集」をご覧ください。

4　「フォーラム」

フォーラムとは、掲示板の一種です。

基本的には何でも書き込むことが可能です。ただし「公序良俗」に反する内容、あるいは「法」に触れる内容のものは当然のことながら禁止です。

この判断は事務局が独断で行い、該当すると判断したものは削除いたします。

事務局へのご質問はもちろん、特に本会に関係の無いご質問や、インターネットに関するご質問、趣味に関する話題など、何でも投稿していただける掲示板です。

新しい記事は独立したページ（スレッドを立てる）で表示され、同じ話題に関す

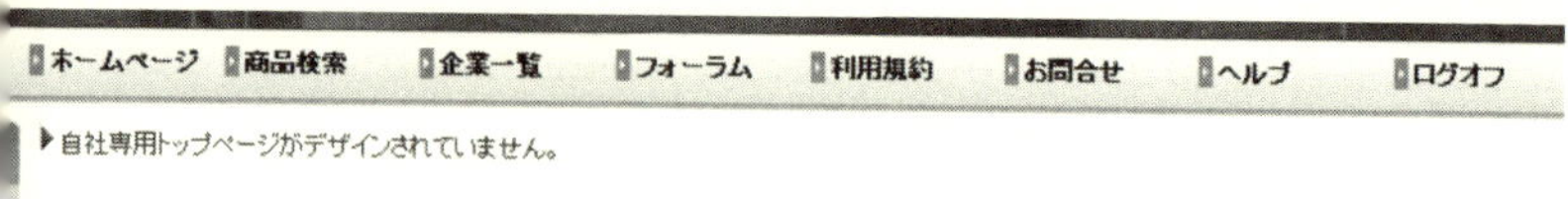

る記事や質問に対する回答は同じページに投稿順で表示されます。

スレッドの作成者に限り、ご自分の記事を変更訂正／削除することも、返信記事を削除することも可能です。

5　「利用規約」

バータージャパンのこのシステムを利用するための取決め事項です。

入会時にも説明されますが、その内容がここに記載されています。

確認したいことがある場合はこのページを見ます。

6　「お問合せ」

バータージャパンのシステムに関するメールでのお問合せです。

クリックすると表示されるメールフォーム画面に、お問合せ内容を書き込んで送信します。事務局の担当者に、直接メールが届きます。

返事は、マイメニューの中にある「メッセージを見る」をクリックすると表示される「Ｍｙメッセージ」に届きます。

7 「ヘルプ」

システムの操作法について分からない場合は先ずこの「ヘルプ」を見ると、すぐに解決することが多いです。

このヘルプで解決できない場合のみ、お問合せいただくようにお願いしています。

8 「ログオフ」

終了したら「ログオフ」をします。

ログオフの確認画面が表示されますから「ＯＫ」をクリックします。

「ログオフ」を忘れても問題はありません。画面を消去した時に、自動的にログオフになります。

再度表示したい場合は、再びログインからになります。

ログオフをしますと、画面で操作中のデータの保存は保証されませんので注意してください。

［サイドメニューの説明］

サイドメニューは2つに分かれています。ひとつは「メニュー」で、もうひとつは「マイメニュー」です。

「メニュー」は、他のメンバーの情報を調べる時に使用します。

トップページを開いた時点では、左の上のようになっています。

トップメニューから「企業一覧」をクリックし、一覧表から調べたい企業を探して、その企業名をクリックすると、左の下のようにメニューの内容が変わり、企業の情報を見るためのメニューが追加されます。

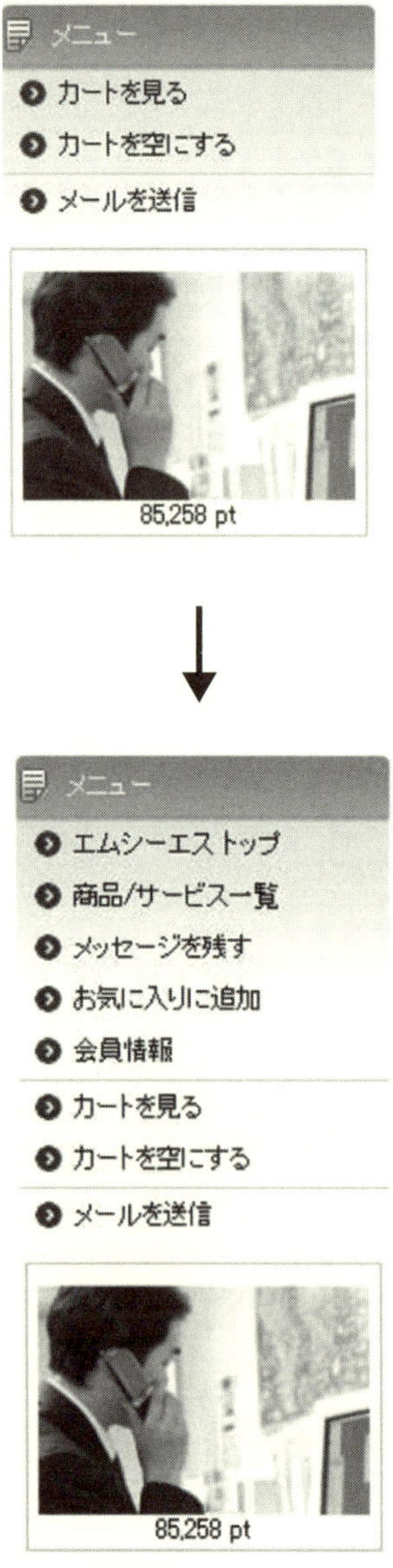

そして、その企業のホームページが右側に表示されます。

各メニュー操作の詳細については、別途説明します。

表示された各会員のページから、買い物をすることが可能です。買い物の内容は、カートで見られます。

ここから、その会員に問い合わせなどのメールを送ることもできます。

前ページのアバター画像の下の数値は、自身が現在持っているバーターポイントの残高を示します。

マイメニューは、ホームページに関わる情報を掲示するためのメニューです。

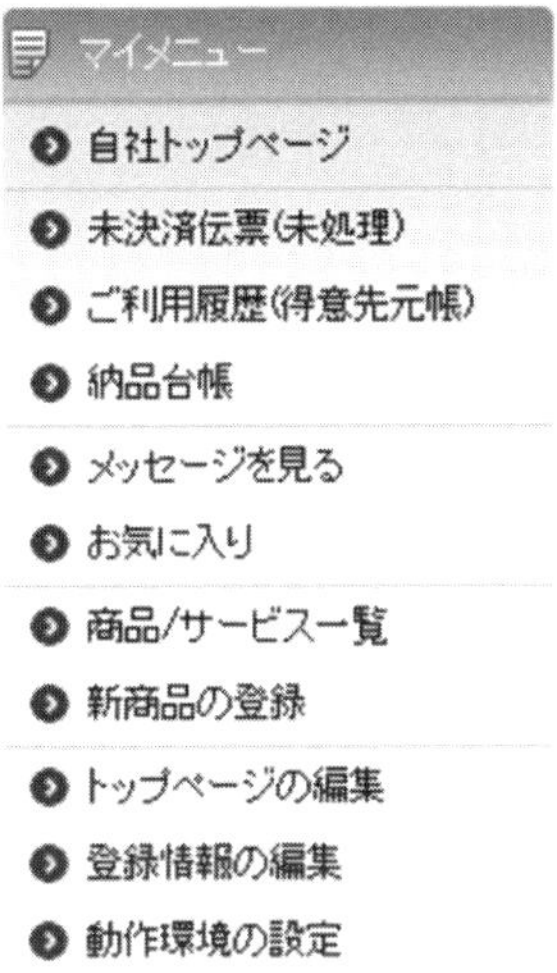

各メニュー操作の詳細については、別途説明します。

別の会員が、メニューの「メッセージを残す」で何か書き込みますと、マイメニューの「メッセージを見る」でそれを見ることができます。

会員同士は、このメッセージのやりとりでコミュニケーションすることが可能です。

［サイドメニューの「各項目」の説明］

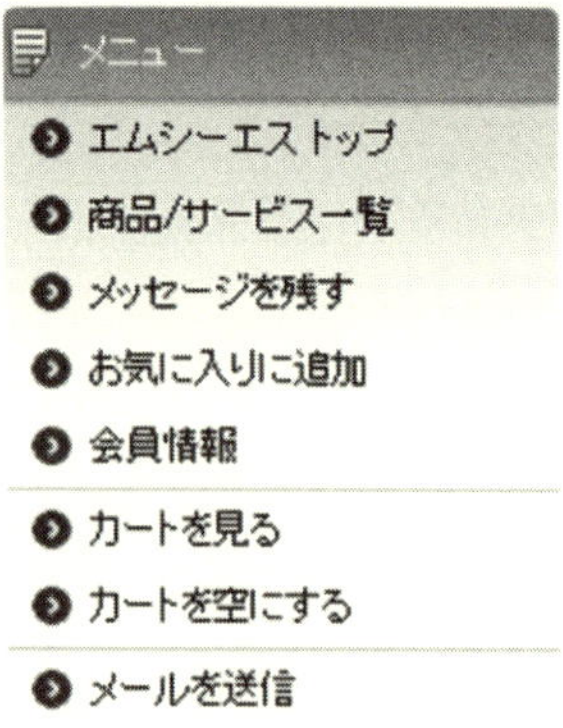

1　エムシーエストップ

選択されている企業名が表示されます。この例では「エムシーエス」という企業を指しています。

クリックしますと、その企業のホームページ（トップページ）が表示されます。

その企業がまだホームページを登録していない場合は、「自社専用トップページがデザインされていません。」と表示されます。

2　商品／サービス一覧

ここをクリックしますと、その企業がバータージャパンオンラインシステム上で販売している商品、あるいはサービスの一覧が、次の画像のように表示されます。

表示件数が多すぎる場合は、検索バーのカテゴリーを決めて検索ワードに入力し、新着順か50音順か価格順を選んでクリックし、さらに「検索」をクリックして再検索を行ってください。

画像をもっと大きくして見たい場合は「画像の拡大」ボタンをクリックします。

画面の上に、拡大画像が表示されます。拡大画像を消したい時はもう一度クリックします。

この商品を記録する場合は、「お気に入りに追加」をクリックしてください。

それから、「マイメニュー」の方の「お気に入り」をクリックしますと、その商品がお気に入りとしてアップされています（取り消す場合は、右の×をクリックします）。

「詳細表示」をクリックしますと、その商品の詳細情報（商品コードや企業からのコメントなど）が表示されます。

購入する場合は、詳細情報にある「カートに入れる」をクリックします。

現在のカートの中がすべて表示されます。そしてこのリストは発注書にもなっています（6の「カートを見る」参照）。

このリストから、カート内に間違って入れたものは、×をクリックして消去できます。

すべてをキャンセルするには、「カートを空にする」をクリックします。

また、続けて他の買い物をする場合は「買い物を続ける」をクリックしてください。

これで決済をしたい場合は「決済に進む」をクリックします。

ここで、売り手が希望する、現金とバーターポイントとの比率も分かります。

購入に関するこのあとの操作は、別途説明いたします。

3　メッセージを残す

商品についての問い合わせなどがあれば、企業に対してメッセージを発信することができます。

「メッセージを残す」をクリックしますと、上のメッセージ入力用のダイアログ画面が表示されます。

ここでメッセージ（文章）を入力し、「送信する」をクリックします。

送信を中止する場合は、「キャンセル」をクリックします。入力ダイアログが消去され、元の画面になります。

自身のサイトに他企業からメッセージが届いた場合は、「マイメニュー」の中の「メッセージを見る」をクリックすると見られます。

4　お気に入りに追加

「お気に入りに追加」をクリックしますと、画面は変わりませんが、お気に入りのリストにこの企業が追加されます。

もし、すでにお気に入りに入っている場合は、「本ページは既に登録されています」というメッセージが表示されます。

このお気に入りは、「マイメニュー」の方の「お気に入り」をクリックしますと一覧がご覧になれます。

5　会員情報

「会員情報」をクリックしますと、選択されている企業の代表者と会社の情報（その企業が登録しているデータすべて）が表示されます。

自身が入力した情報は、別の企業から閲覧されることになります。

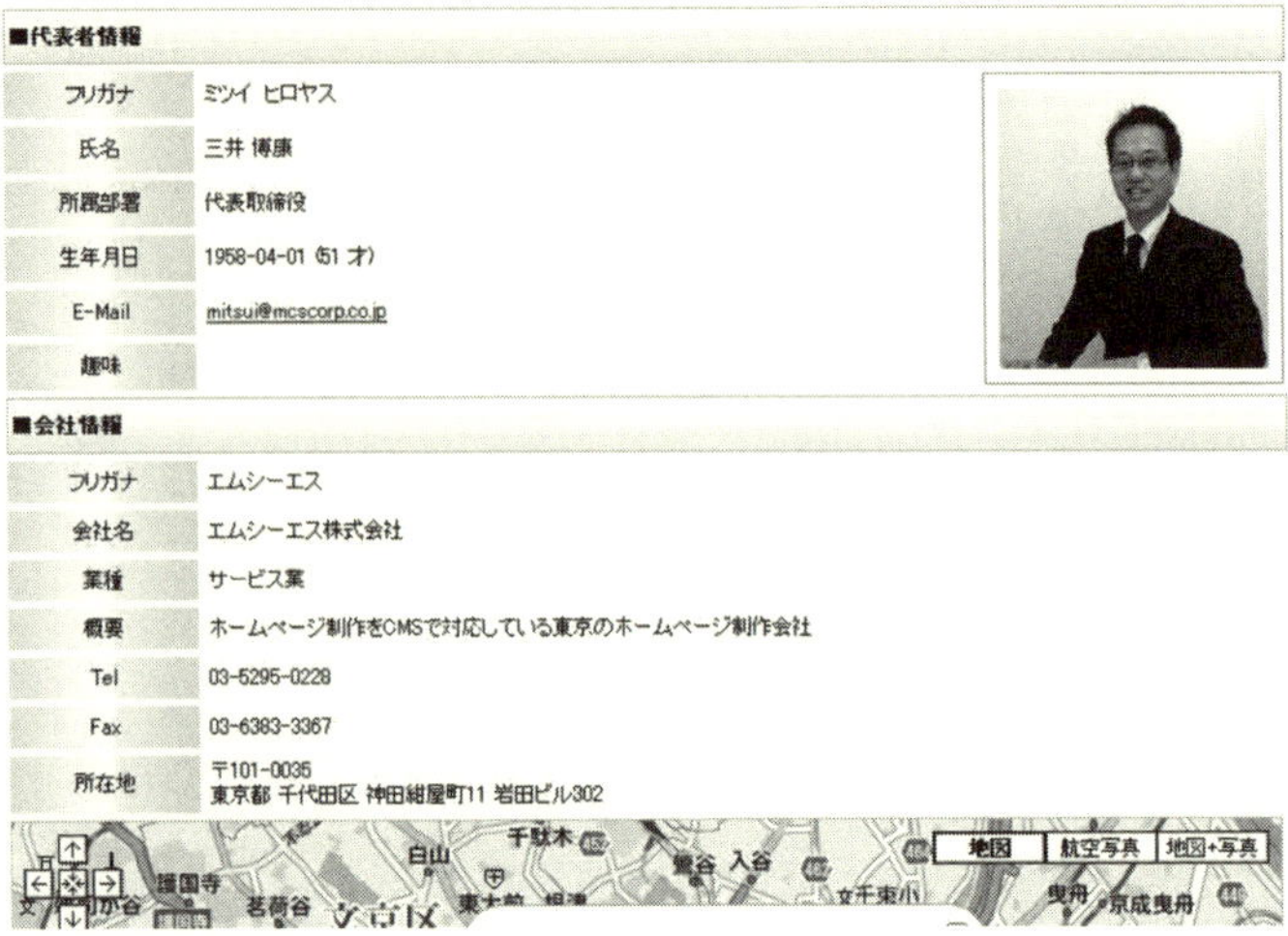

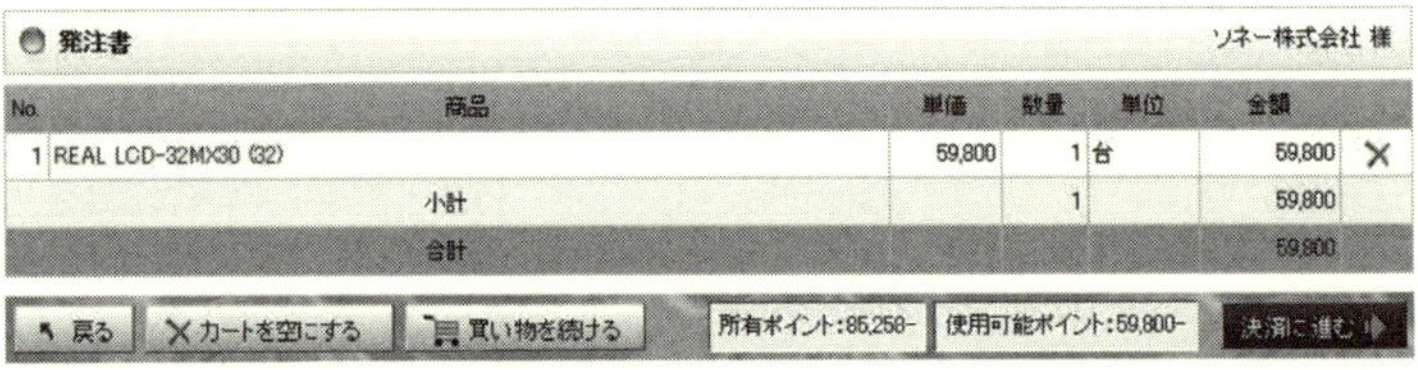

自社の情報は、「マイメニュー」の「登録情報の編集」をクリックして修正することが可能です。

上が表示例です。※地図は、Google MAPが表示されます。

6　カートを見る

「カートを見る」をクリックしますと、買い物の状況を「発注書」の一覧として見ることができます。

例として上の画像のようになります。

右の×をクリックすると、その商品がキャンセルされます。

「カートを空にする」をクリックしますと、リストすべてがキャンセルさ

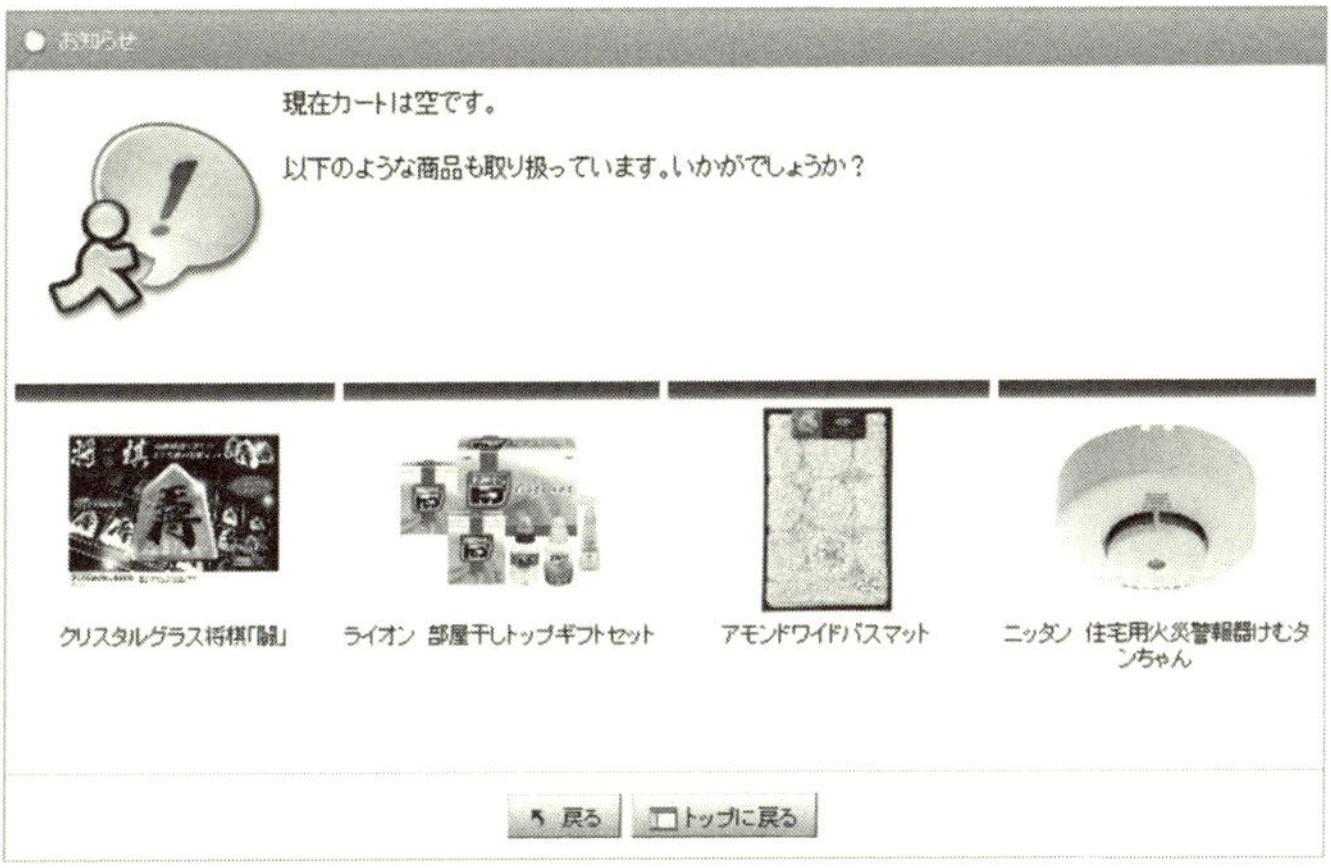

れ、カートは空っぽになります。

「買い物を続ける」をクリックしますと、現在選択されている企業の「商品／サービス一覧」に戻ります。企業が選択されていない場合は、バータージャパンのホームページに移行します。

所有ポイントの欄には、現在所有しているバーターポイント（決済前）が表示され、使用可能ポイントには、その商品に利用できるバーターポイントが表示されます。

「決済に進む」をクリックしますと、バーターポイントと現金の決済の実行になりますが、それは「決済」の項目を参照してください。

7　カートを空にする

現在カートに入っている買い物の内容をすべて削除します（確認のOKをクリック）。

削除してから「カートを見る」をクリックしますと、上の画像のようになります。

現在選択されている企業の取り扱い商品が表示されます。
選択されていない場合は、直近に選択されていた企業の商品が表示されます。

8　メールを送信する

選択されている企業に、メールを送信します。
「件名」と本文を入力して、「送信」をクリックします。
ＣＣとＢＣＣは、メールの仕様と同じです。
※メール送信については、通常のメールソフトのように送信履歴が残りませんので、自分宛にもＢＣＣにて送信することを推奨いたします。

［サイドメニューのマイメニューの説明］

1　自社ホームページ

マイメニューにある「トップページの編集」機能を使って自社のホームページを作っている場合は、ここをクリックすればそのページが表示されます。

作られていなければ、「自社専用トップページがデザインされていません」というメッセージが表示されます。

この表示は、他のバータージャパンのメンバーが見た場合も同じ表示になります。

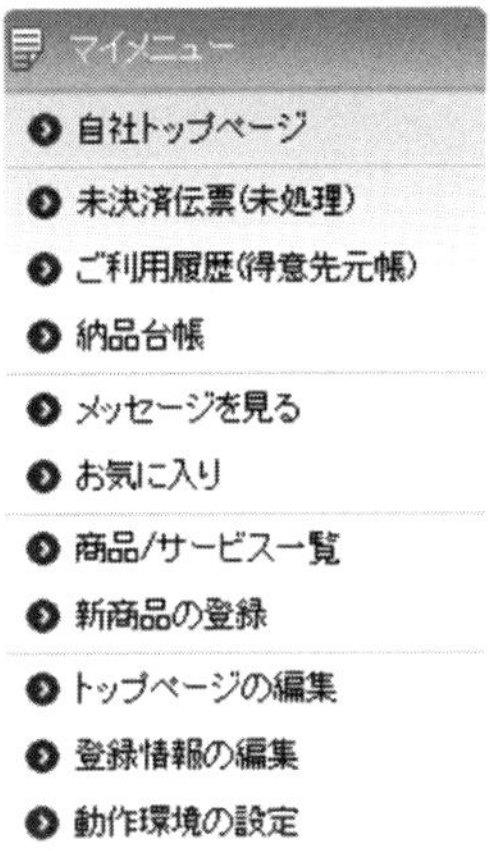

2　未決済伝票（未処理）

未決済伝票とは、受注したり発注したりしている伝票の一覧のことです。

次ページの例のように表示されます。

伝票番号はこのシステムが自動的に付ける番号で、バータージャパンの全取引の伝票を通して唯一の番号です。

未処理伝票一覧

No.	伝票番号	更新日	ステータス	発注者	発注先	決済金額
1	4G5A81N9M	2009/10/08	[発注] 注文書		エムシーエス株式会社	3,696
2	4G5AH8KU9	2009/10/08	[発注] 見積もり依頼書		ソネー株式会社	59,800
3	4G5BQ8B14	2009/10/08	[受注] 注文書	亀山社中株式会社		19,400
4	4G5BSJO9R	2009/10/08	[受注] 見積もり依頼書	埼玉物産株式会社		3,696

※赤字のステータスはこちらからのアクション待ちです。

注文伝票には、発注先の欄に相手の企業名が表示されます。

他のメンバーが自社に発注した伝票は、発注者の欄に相手先の企業名が表示されます（空白は自社の社名が略されたものです）。

ステータスは、各取引の進捗状況を示します。自社が受注して、相手（お客様）に対してアクション（返事）をしなければならないステータスは赤字で表示されています。自身が発注した取引では、相手先企業がアクションを起こすとステータスが変わります。ステータスと、メール、あるいはメッセージを確認しながら取引を進行してください。

ステータスには次の9種類があります。

「注文書」「見積り依頼書」「見積書」「納品書」「受領書」「納品準備中」「発送完了」「待機中」「商品取り寄せ中」

ステータスの推移と操作については、「取引の流れ」を参照してください。

3　ご利用履歴（得意先元帳）

取引の履歴が日付つきですべて表示されます。次に例となる画像を示します。

自身が買った方は借方に、売った方は貸方に、金額が記載されています。

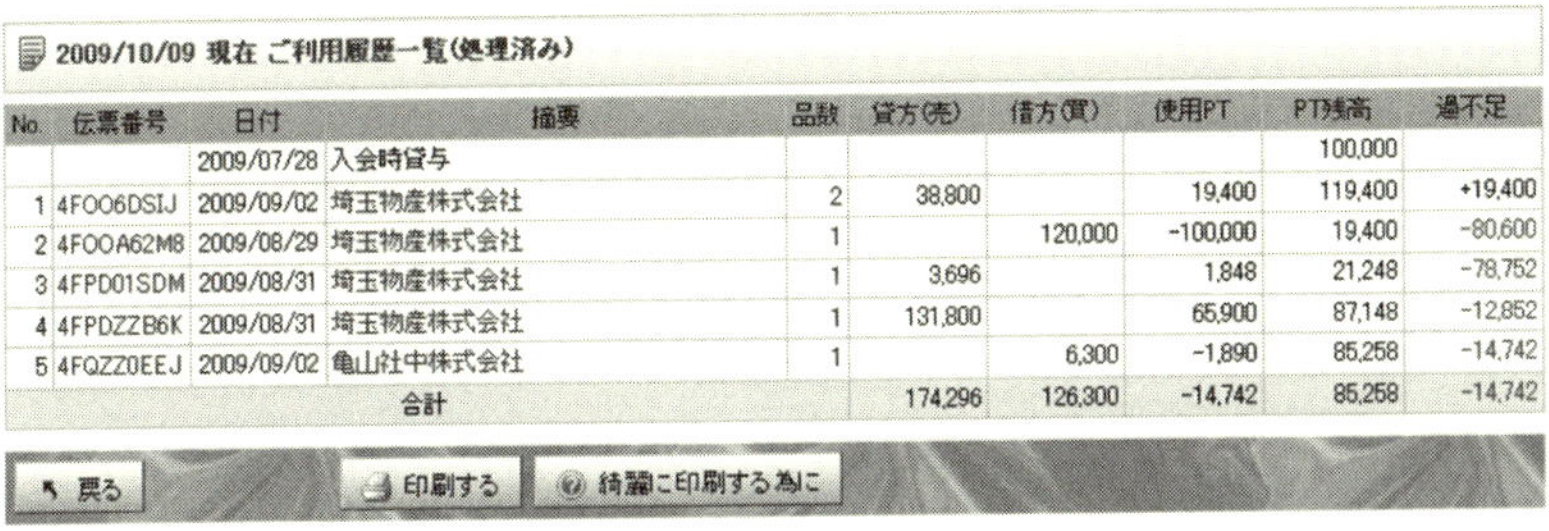

2009/10/09 現在 ご利用履歴一覧(処理済み)

No.	伝票番号	日付	摘要	品数	貸方(売)	借方(買)	使用PT	PT残高	過不足
		2009/07/28	入会時貸与					100,000	
1	4FOO6DSIJ	2009/09/02	埼玉物産株式会社	2	38,800		19,400	119,400	+19,400
2	4FOOA62M8	2009/08/29	埼玉物産株式会社	1		120,000	-100,000	19,400	-80,600
3	4FPD01SDM	2009/08/31	埼玉物産株式会社	1	3,696		1,848	21,248	-78,752
4	4FPDZZB6K	2009/08/31	埼玉物産株式会社	1	131,800		65,900	87,148	-12,852
5	4FQZZ0EEJ	2009/09/02	亀山社中株式会社	1		6,300	-1,890	85,258	-14,742
		合計			174,296	126,300	-14,742	85,258	-14,742

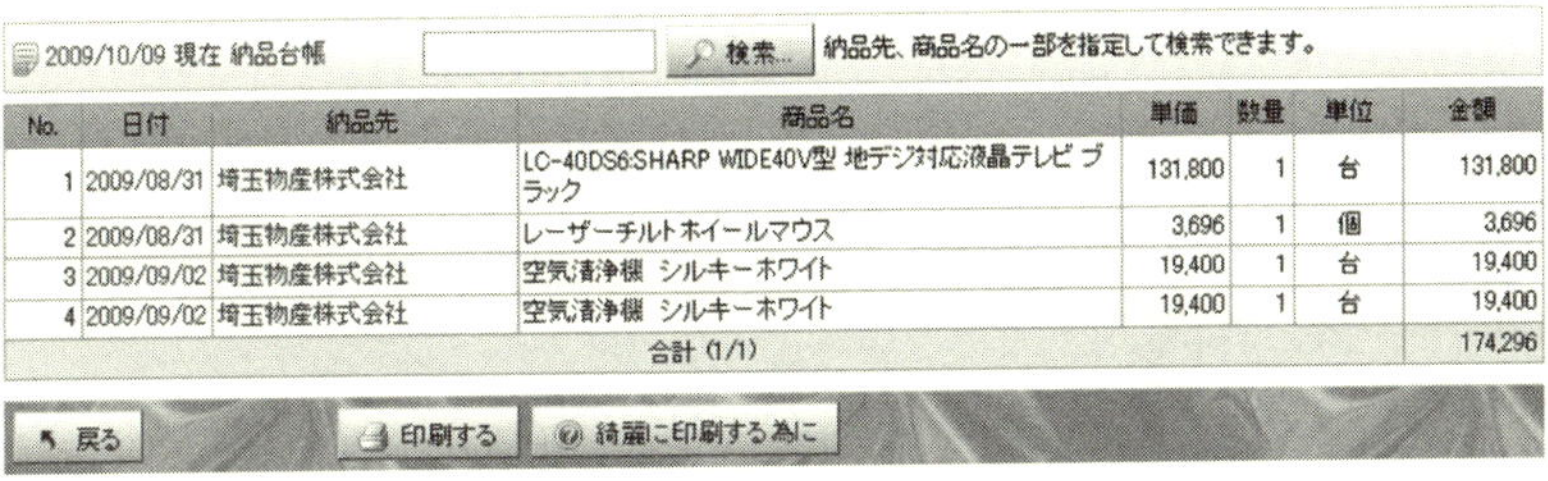

2009/10/09 現在 納品台帳　検索... 納品先、商品名の一部を指定して検索できます。

No.	日付	納品先	商品名	単価	数量	単位	金額
1	2009/08/31	埼玉物産株式会社	LC-40DS6:SHARP WIDE40V型 地デジ対応液晶テレビ ブラック	131,800	1	台	131,800
2	2009/08/31	埼玉物産株式会社	レーザーチルトホイールマウス	3,696	1	個	3,696
3	2009/09/02	埼玉物産株式会社	空気清浄機　シルキーホワイト	19,400	1	台	19,400
4	2009/09/02	埼玉物産株式会社	空気清浄機　シルキーホワイト	19,400	1	台	19,400
			合計 (1/1)				174,296

伝票番号をクリックすると、売上伝票が表示されます。

4　納品台帳

自社が販売した商品と納入先が、日付つき一覧で表示されます。

上に例を示します。

5　メッセージを見る

受信したメッセージを表示します。

メッセージを発信する時は、メニューの「メッセージを残す」で行います。

表示例を次ページに示します。

From‥の次に示された相手側の名前をクリックすると、相手側のトップページを表示させること

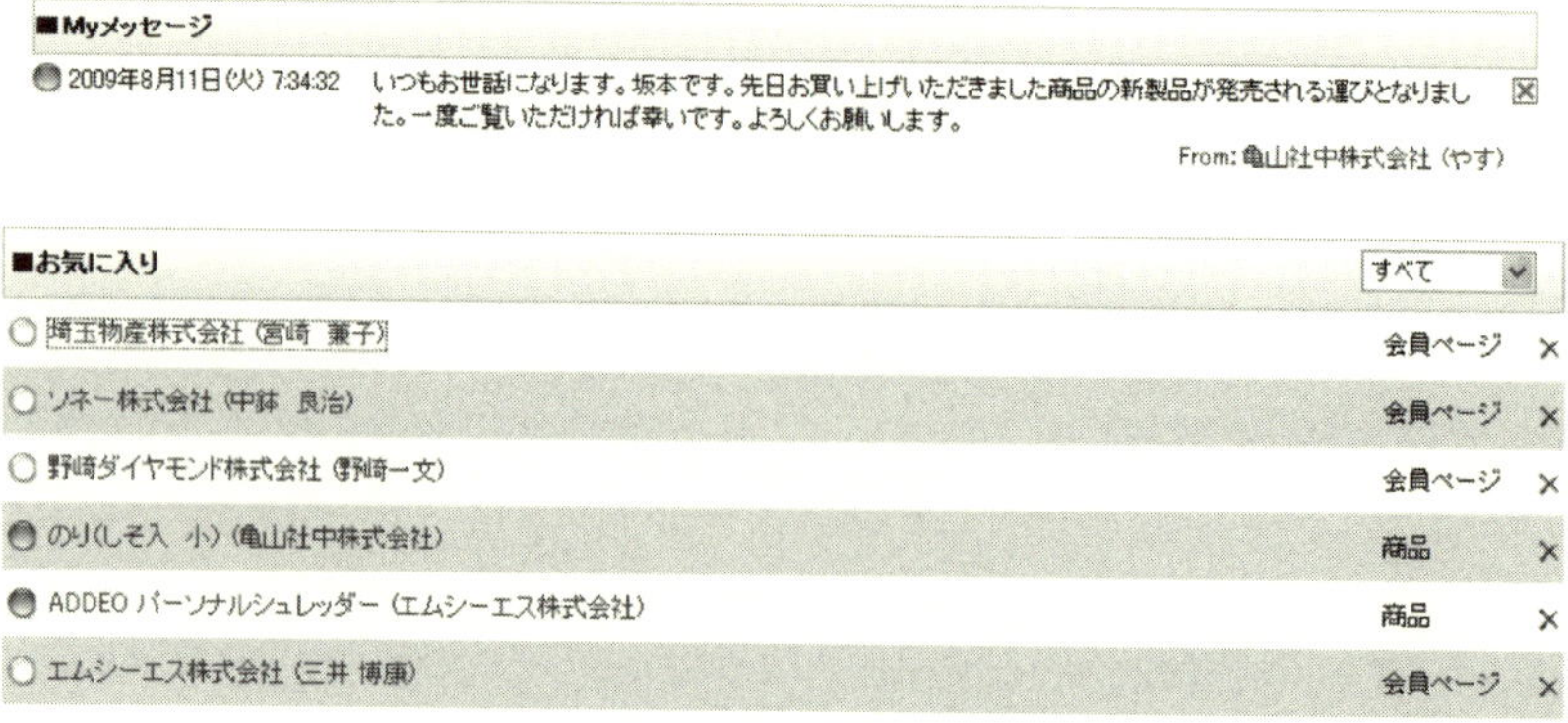

もできます。

6　お気に入り

他のホームページを見たり、商品／サービス一覧を見たりして、そこにある「お気に入りへの追加」をクリックしたものは、この「お気に入り」をクリックしますと一覧として表示されます。

表示例を上に示します。

左側の色付きの丸のものは、「商品／サービス一覧」からお気に入りにいれたもの、白は、企業のホームページから入れたものです。

（右にある「会員ページ」「商品」の表示でも判断できます）

文字をクリックすると、そのページを再表示します。

この時、メニューはその企業を対象にしたものとなります。

お気に入り一覧から削除するには、右端の×をクリックします。

自社取り扱い商品一覧　すべて　◉新着順　○50音順　○価格順　検索/再表示...

No.	認証	カテゴリ	商品名	価格	単位	在庫
1	○	家庭用品	低反発もこもこチェア	2,980	個	60
2	○	家電品	空気清浄機　シルキーホワイト	19,400	台	35
3	○	IT機器	レーザーチルトホイールマウス	3,696	個	80
4	○	家電品	SHARP WIDE40V型 地デジ対応液晶テレビ	131,800	台	20
5	○	家電品	家庭用高圧洗浄機　中級タイプ	31,500	台	15
6	○	家庭用品	ライオン　部屋干しトップギフトセット	3,150	セット	100
7	○	家庭用品	キッチンスケール	3,150	個	30
8	○	防災用品	ニッタン　住宅用火災警報器けむタンちゃん	6,956	個	100
9	○	小物	ダンロップ　ビジネスバック　カーキ	10,500	個	9
10	○	小物	ニーナニーロトートバッグ	31,500	個	5
11	○	ゲーム	クリスタルグラス将棋「闘」	1,134	個	50
12	○	事務用品	ADDEO パーソナルシュレッダー	10,500	台	14
13	○	自転車	26型タウンサイクルソフィー	20,751	台	7
14	○	家庭用品	笛吹きケトル	2,625	個	20
15	○	家庭用品	アモンドワイドバスマット	2,026	個	30
16	○	小物	城園の化粧筆5本セット	3,150	セット	100

7　商品／サービス一覧

それまで登録した、自社の商品／サービスの一覧が表示されます。

上にその例を示します。

ここで、商品名をクリックしますと情報の変更ができます。

その入力（変更）は、登録時と同じですので次の項を参照してください。

8　新商品の登録

ここで、バータージャパンで販売したい「商品／サービス」の情報を登録します。

次ページに表示される画面です。

①認証：

ここにチェックを入れないと登録しても表示されません。販売を一次中止する場合などにも使用できるチェックのオン／オフです。オフにすると一覧の認証の表示

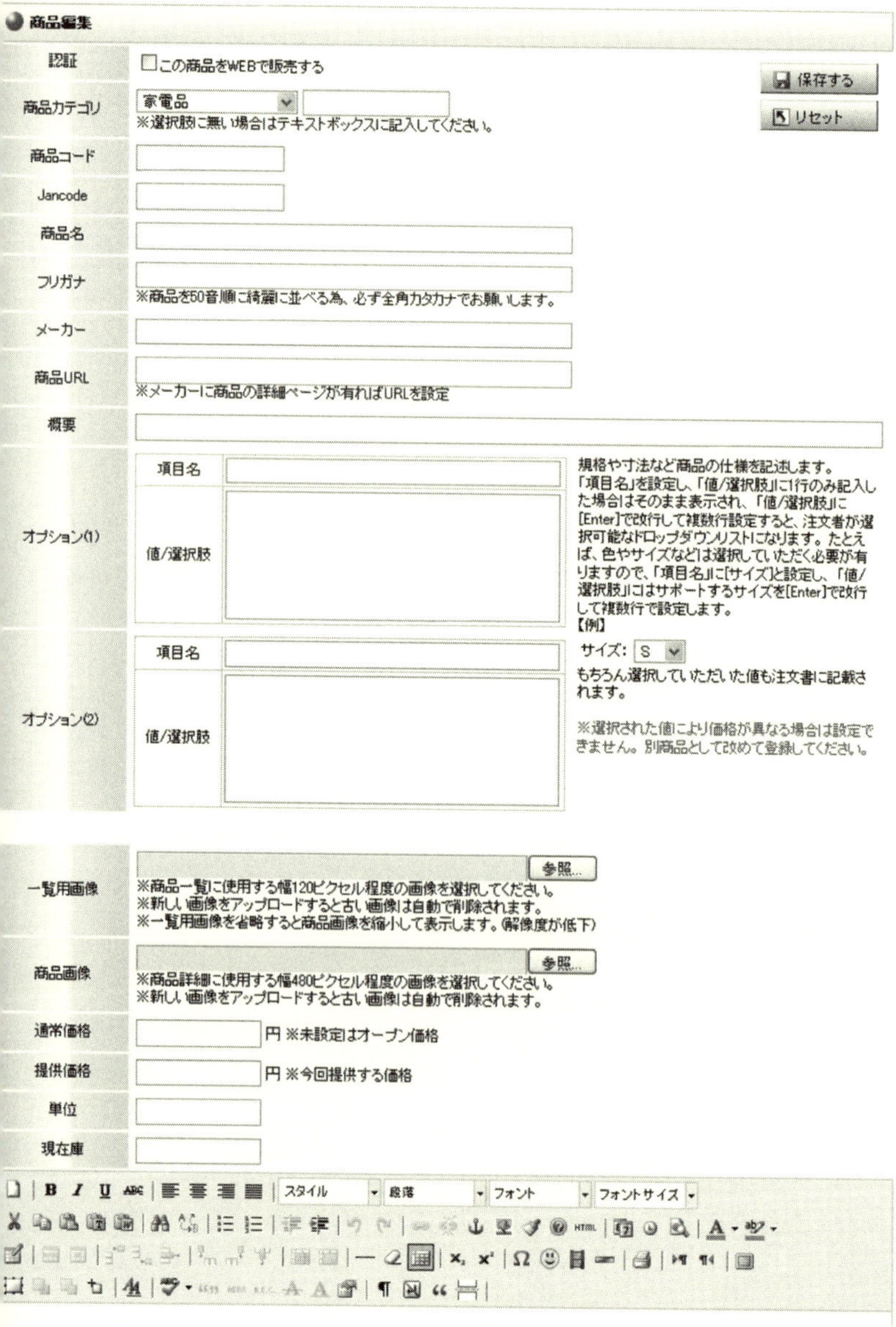
商品編集
認証
□この商品をWEBで販売する
保存する
リセット
商品カテゴリ
家電品
※選択肢に無い場合はテキストボックスに記入してください。
商品コード
Jancode
商品名
フリガナ
※商品を50音順に綺麗に並べる為、必ず全角カタカナでお願いします。
メーカー
商品URL
※メーカーに商品の詳細ページが有ればURLを設定
概要
オプション(1)
項目名
値/選択肢
規格や寸法など商品の仕様を記述します。「項目名」を設定し、「値/選択肢」に1行のみ記入した場合はそのまま表示され、「値/選択肢」に[Enter]で改行して複数行設定すると、注文者が選択可能なドロップダウンリストになります。たとえば、色やサイズなどは選択していただく必要が有りますので、「項目名」に[サイズ]と設定し、「値/選択肢」にはサポートするサイズを[Enter]で改行して複数行で設定します。
【例】
サイズ: S
もちろん選択していただいた値も注文書に記載されます。
※選択された値により価格が異なる場合は設定できません。別商品として改めて登録してください。
オプション(2)
項目名
値/選択肢
一覧用画像
参照...
※商品一覧に使用する幅120ピクセル程度の画像を選択してください。
※新しい画像をアップロードすると古い画像は自動で削除されます。
※一覧用画像を省略すると商品画像を縮小して表示します。(解像度が低下)
商品画像
参照...
※商品詳細に使用する幅480ピクセル程度の画像を選択してください。
※新しい画像をアップロードすると古い画像は自動で削除されます。
通常価格
円 ※未設定はオープン価格
提供価格
円 ※今回提供する価格
単位
現在庫
スタイル
段落
フォント
フォントサイズ

が×となります。

②商品カテゴリー：
その商品あるいはサービスが、どのカテゴリーに含まれるかを決定します。既存のカテゴリー（プルダウン）になければ、右側のフィールドに入力することができます。

③商品コード：
自社で使っている商品コードを入力します。

④Jancode:
その商品が取っているＪＡＮコード（日本の共通商品コード）がありましたら入力します。

⑤商品名：
商品名を入力します。

⑥フリガナ：
商品名のカタカナ表示。

⑦メーカー：
その商品の製造元を入力します。

⑧商品ＵＲＬ：
もしその商品詳細をウェブで公開されている場合は、そのＵＲＬを入力します。

⑨概要：
文字数制限はありませんが、その商品の説明をできるだけ短い文章で表現します。

⑩オプション１：
その商品の仕様など、項目を設定して詳細を書きます。

サービスの場合は、そのサービスの詳細も記入します。

⑪オプション２：
オプション１とは違う項目をもう一つ設定できます。

オプション１も2も、Enterで区切りますとプルダウンリスト（画面ではドロップダウンリストと表現しています）になります。

同じ価格で提供可能な選択肢を設定します。

⑫一覧用画像：
一覧に表示する小さい画像です。

画像の作成は、大きさの調整も含めて自身のパソコンで行います。

サイズは幅１２０ピクセルくらいが見やすいです。

「参照」をクリックして、ファイルのアップロードからその画像ファイルをクリックして準備します（ファイルパス名が入力フィールドに表示されたことを確認）。

⑬商品画像：

商品の説明用画像を準備します。大きさは幅が４８０ピクセルくらいで、一覧用画像の４倍くらいにします。一覧用画像と同じ要領で準備します。

⑭通常価格：

いわゆる上代という価格。一般の市場で売られている価格です。

入力がない場合はオープン価格（交渉）と見なされます。

⑮提供価格：

バータージャパンで提供可能な価格を入力します。通常価格も提供価格も単位数量あたりの価格（単価）となります。

⑯単位：

商品の数量の単位。

個、本、枚、リットル、立米、グラム、キロ、トンなど。

サービスの場合は、時間や人口（人数／時間）などもあります。

⑰在庫数：

現在即納できる在庫数を表示します。

画面下の編集領域には、その商品／サービスの詳細について自由に書くことができます。

一般商品ではない「サービス」などは、ここを使って詳細な説明を行ってください。
特に、専門技術的なサービスに関しては、ここで長所などをアピールできます。
この編集ツールはＴｉｎｙＭＣＥを使用しております。画像なども貼り付けられますので、
分かりやすく紹介することができます。
しかし、動画にはまだ対応していません。
使い方の詳細は、
http://www.dakiny.com/tinymce/commentary.html
にありますのでこちらも参照してみてください。

9　トップページの編集

自社のトップページをここで作成します。
仕様は別途「トップページの編集」の項を参照してください。

■会社情報

フリガナ	エムシーエス
会社名	エムシーエス株式会社
会社略称	エムシーエス ※会社名、店舗名を漢字8文字以内で必ず設定。8文字を超えると切り捨て
業種	サービス業 ※該当する業種がない場合はテキストボックスにご記入ください。
概要	ホームページ制作をCMSで対応している東京のホームページ制作会社 ※取扱商品やサービスなど、店舗の概要をお願いします。(100文字以内、長いものはカット)
Tel	03-5295-0228
Fax	03-6383-3367
所在地	〒 101-0035 住所検索 東京都 千代田区 神田紺屋町11 ※都道府県、市区町村、町域以下(番地まで)を分割してご記入ください。 岩田ビル302 ※ビル名、階数、部屋番号はこちらにお願いします。
取引銀行	三井住友銀行 ※現金併用時の振込先です。
設立	西暦 1980-01-01 【例】1940/04/01 または、1940-04-01
資本金	10000000 円
年商	50000000 円
従業員数	4 名
主な取引先	
主な仕入先	
主な得意先	

■代表者情報(原則法人組織の代表者)

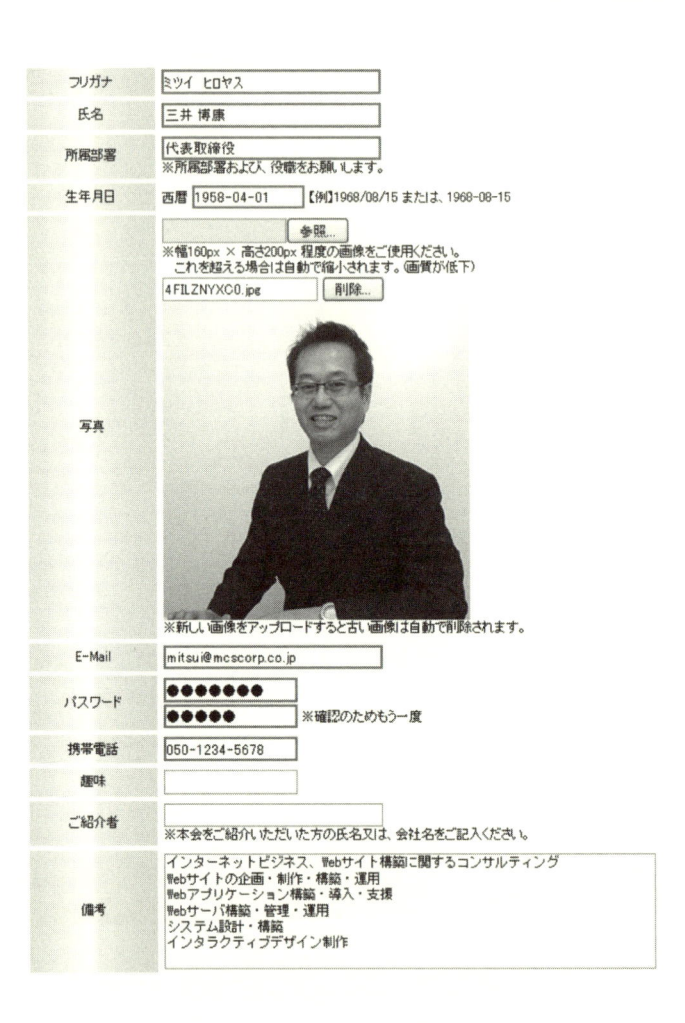

フリガナ	ミツイ ヒロヤス
氏名	三井 博康
所属部署	代表取締役 ※所属部署および、役職をお願いします。
生年月日	西暦 1958-04-01 【例】1968/08/15 または、1968-08-15
写真	参照... ※幅160px × 高さ200px 程度の画像をご使用ください。 これを超える場合は自動で縮小されます。(画質が低下) 4FILZNYXC0.jpg 削除...  ※新しい画像をアップロードすると古い画像は自動で削除されます。
E-Mail	mitsui@mcscorp.co.jp
パスワード	●●●●●●●● ●●●●● ※確認のためもう一度
携帯電話	050-1234-5678
趣味	
ご紹介者	※本会をご紹介いただいた方の氏名又は、会社名をご記入ください。
備考	インターネットビジネス、Webサイト構築に関するコンサルティング Webサイトの企画・制作・構築・運用 Webアプリケーション構築・導入・支援 Webサーバ構築・管理・運用 システム設計・構築 インタラクティブデザイン制作

↖ 戻る ☐利用規約に同意する 確認OK!! 送信する

10　登録情報の編集

自社の会社情報を編集します。

前ページのフォーム例が参考になります。

変更は、「利用規約に同意する」にチェックを入れて、「確認ＯＫ!!　送信する」をクリックします。

11　動作環境の設定

動作環境とは、自身の操作画面で行う機能設定のことです。

次のページの画面で各種機能を設定します。

【動作環境の設定】		
ハンドル名	三井	ネット上のニックネーム
E-Mail	mitsui@mcscorp.co.jp	取引以外に使用するメールアドレス ログイン用のメールアドレスを非公開にできます。
署名	------------------------------------ エムシーエス株式会社　三井 博康 〒101-0035 東京都千代田区神田紺屋町１１ 岩田ビル302 tel：03-5295-0228	システムから送信するメールに添付される署名
送料	0 円	送料は固定送料のみのサポートです。
在庫管理	☑在庫管理を行う（在庫が無くなると自動的に販売が中止される。詳細に在庫表示）	
決済制限	○制限しない ○ポイント使用を最大30%に制限する ◉ポイント使用を最大50%に制限する ○ポイント使用を最大80%に制限する ○ポイント使用を禁止する	一度の取引で使用可能なポイントの割合を設定できます。残りは現金払いになります。
数量選択肢	1	お客様が選択可能な数量を設定。 1件ごとに改行する
サイドメニュー	☑サブメニューをサイドバーのトップに表示する	
カレンダー	☑カレンダーを表示する ◉予定表は 8時から 18時を管理する ○予定表は 5時から 21時を管理する ○予定表は 0時から 23時を管理する	
付箋紙	☑サイドバーに付箋紙を表示する	
アバター画像	参照... ※幅160px × 高さ200px 程度の画像をご使用ください。 これを超える場合は自動で縮小されます。(画質が低下) 4FM9K0AB30.jpg 削除...  ※新しい画像をアップロードすると古い画像は自動で削除されます。 ☑ アバター画像をサイドバーに表示する(現有ポイントも常時表示されます)	

設定保存
リセット
戻る

社印画像	参照... ※80×80px程度の正方形の社印画像をお願いします。	
商品一覧	20 件	商品一覧の1ページ表示件数
企業一覧	20 件	企業一覧の1ページ表示件数
所在地	☑自社トップページに所在地マップを表示する。表示幅: 98 % ※会員情報では自動的に表示されます。（会員情報と異なる住所を設定可能） 101-0035 東京都千代田区神田紺屋町11 確認... ※必ず地図で確認後保存してください。	

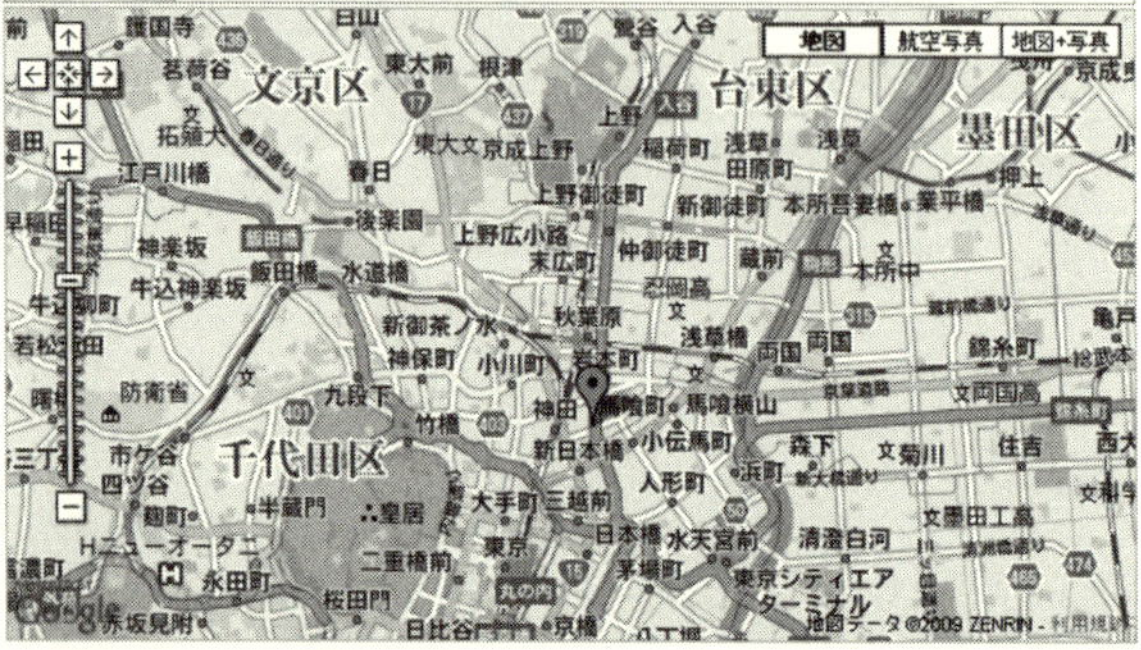

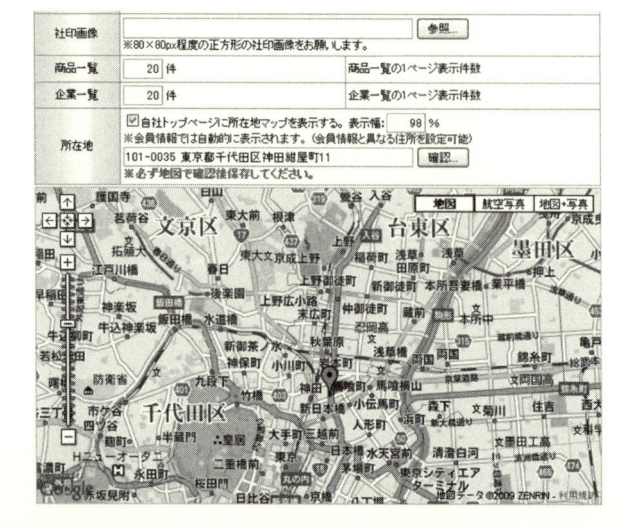

ハンドル名：　バータージャパンのネット内で使用する自身のＩＤを定義します。

Ｅ－Ｍａｉｌ：　会社で使用しているメールアドレスを入力します。

署名：　伝票などに使用する社名、住所などを入力します。

送料：　送料が固定的に決まっている場合に入力します。

在庫管理：　取扱商品の自動在庫管理をするかどうかを選択します。数量管理のみです。

決済制限：　バーターポイントの比率が一律の場合、ここで設定します。

数量選択肢：　販売数量単位が、1個、10個、１００個などのときプルダウンでも選択できます。

カレンダー：　サイドメニューにカレンダーを表示するかどうかを決めます。
このカレンダーの使い方は別途説明します。

付箋紙：　サイドバーに表示する自分だけのメモです。

アバター画像：　サイドメニューの中に代表者の写真、会社のロゴマークなどが表示されます。

社印画像：　社印の画像をアップします。

商品一覧：　商品／サービス一覧の画面に一度に何行表示させるかを決めます。

企業一覧：　トップメニューの企業一覧の一ページに何行表示させるかを決めます。

所在地：　所在地をＧｏｏｇｌｅＭａｐで表示するかどうかを選択します。表示する場合は住所を入力すると下に地図が表示されます。

【トップページの編集】


［サイドメニュー］の［マイメニュー］にある［トップページの編集］をクリックします。

トップページとは、自社のイメージを知ってもらうためのページです。

トップメニューの「企業一覧」をクリックしますと、バータージャパンに登録されている会員の一覧が表示されますが、ここに自社の情報も登録されます。

誰かがその会社名をクリックしたとき、ここで編集したトップページが表示されるということです。ですから、見る人ができるだけ魅力を感じるようなトップページを編集します。

「トップページの編集」をクリックしますと、左の画面が表示されます。

これにはバータージャパンのサイトに組み込まれた「ＴｙｎｉＭＣＥ」という編集システムが使われています。

また、事務局にてバーターポイント決済での代行制作も対応いたします。

ホームページ
商品検索
企業一覧
フォーラム
利用規約
お問合せ
ヘルプ
ログオフ
貴社のトップページをデザインします。通常、会社情報やアクセスを記載します。
保存
スタイル
段落
フォント
フォントサイズ
パス: p

［取引の流れ］

ここでは、自社と相手企業が行う操作を示しながら、ステータスの推移（流れ）を説明いたします。

もっとも、バーター特有の流れがあるわけではありません。一般の取引と同様ですので、ここではシステムの操作を中心に説明いたします。

バータージャパンのシステムにおいて、ステータスの変更は「未処理伝票一覧」画面から行います。

取引の推移は、おおまかに言って次の画像のようになります。

実線の枠内は「発注者側」で、破線の枠内は「受注者側」です。

それ以外のやり取りは、メールまたはメッセージで行います。

複雑な仕様を伴う取引の場合は、面談や会議などで交渉を行うケースも多いようです。

交渉中もメール、メッセージでのやり取りは続きます。

これを念頭において、ステータスに関しての操作をします。

この表示画面から、伝票を見るには、伝票番号をクリックします。

赤字で表示されている伝票は、自身がステータスを変更する伝票です。

例えば未処理伝票一覧の３行目の伝票番号をクリックしますと、１８７ページ上のような画面が表示されます。

商品の取引の場合

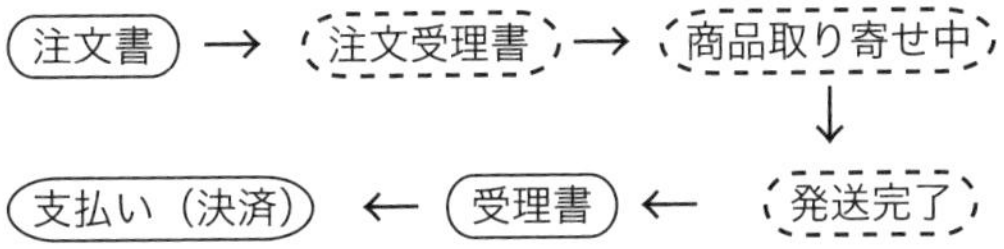

サービス取引の場合

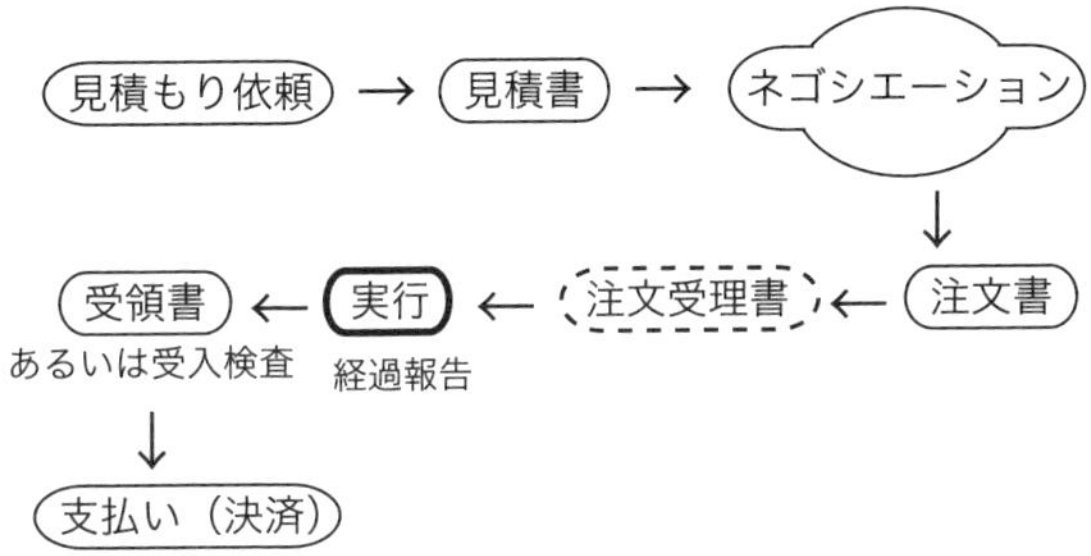

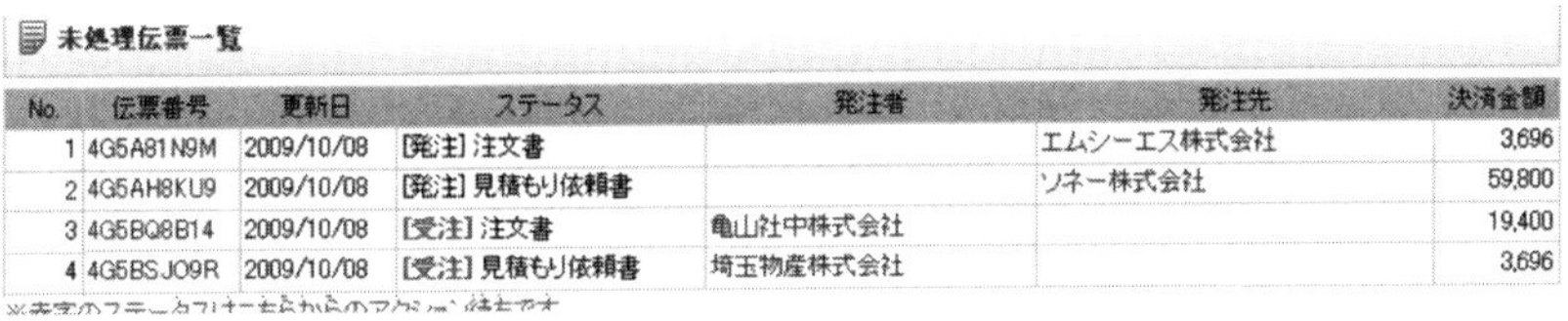

未処理伝票一覧

No.	伝票番号	更新日	ステータス	発注者	発注先	決済金額
1	4G5A81N9M	2009/10/08	[発注] 注文書		エムシーエス株式会社	3,696
2	4G5AH8KU9	2009/10/08	[発注] 見積もり依頼書		ソネー株式会社	59,800
3	4G5BQ8B14	2009/10/08	[受注] 注文書	亀山社中株式会社		19,400
4	4G5BSJO9R	2009/10/08	[受注] 見積もり依頼書	埼玉物産株式会社		3,696

これは、亀山社中株式会社がエムシーエス株式会社に宛てた発注書のオリジナルです。必ず「印刷する」をクリックして、この伝票のプリントを出しておきます。

システム内部ではこれからステータスが変更されていきます。その推移を確認するには紙が一番確実ですから、ファイル保存が必要です。

印刷してから「返信を作成」をクリックしますと、次ページ下の画面が表示されます。

この画面で、伝票の編集ができます。

例えば値引きをする場合は、商品名に「値引き」と入力し、単価に値引き額、そして数量に「-1」と入力します。単位には何も入力せず、金額の欄をクリックします。

金額は自動表示され、合計額からも値引き分が減額されます。ただしこの時、使用ポイントと現金の値はまだ変更されていません。値引きをポイントで行うのか現金で行うのかを決めて、数値を再入力します。

ひととおり確定したら、「最終確認ＯＫ!!　返信を送信する」をクリックします。確認のダイアログのＯＫをクリックすれば、先方にこのページが届きます（これが注文受理書になります）。このとき、署名の欄に操作者の名前を入力する必要があります。

注文受理書はステータスにはありません。ステータスは「注文書」のままになっています。

注文書

伝票番号[4G5BQ8B14] 2009-10-08 16:12:19

エムシーエス株式会社 様

〒 101-0035
東京都千代田区神田紺屋町11岩田ビル302
代表取締役: 三井 博康
E-Mail: mitsui@mcscorp.co.jp
TEL: 03-5295-0228
FAX: 03-6383-3367

亀山社中株式会社
〒 101-0035
東京都千代田区神田紺屋町
E-Mail: yasu@mcscorp.co.jp
TEL: 03-1234-5678
FAX: 03-1234-5679
安松

No.	商品	単価	数量	単位	金額	
1	4984824816275-22:空気清浄機 シルキーホワイト	19,400	1	台	19,400	
	小計				19,400	
	合計				19,400	内消費税¥923-
	よろしくお願いいたします。		使用ポイント		9,700	
			現金		9,700	
			ステータス		注文書	
			署名			

※発注書は既にメールでも送信されていますのでこちらから一方的に変更訂正、削除する事はできません。

戻る　印刷する　伝票の削除　ステータス変更　返信を作成

No.	商品名	単価	数量	単位	金額	備考	
1	4984824816275-22:空気清浄機 シルキーホワイト	19,400	1	台	19,400		×
2							×
3							×
4							×
5							×
6							×
7							×
8							×
9							×
10							×
	小計				19,400	再計算	
	送料		1	式	0		
	合計				19,400	内税¥923	
			使用ポイント		9,700		
			現金		9,700	※ポイント入力で自動	
			ステータス		注文書		
			署名		出田		

※商品名が空白行は保存されません。※行番号をクリックして自社の商品を選択できます。※支払い区分は自動では計算されません。
※追加や変更された行は備考を記入しておきましょう。※変更後は必ず印刷しておいてください。※署名は必須です
※商品を検索しないで、直接入力した商品の在庫は更新されません。ご注意ください。

戻る　印刷する　伝票の削除　ステータス変更　最終確認 OK!! 返信を送信する

例えばこの注文のために、仕入れを行うのであれば、ステータスを「商品取り寄せ中」に変更します。

ステータスの変更の操作は次の通りです。

1　マイメニューから「未決済伝票（未処理）」をクリックし、未処理伝票一覧を表示する。

2　ステータスを変更すべき伝票行の「伝票番号」をクリックすると、その伝票が表示されます。

3　ステータスの入力の右のVマーク（プルダウン）をクリックすると、9種類のステータスが表示されます。変更するステータスをクリックします。

4　下にある「ステータスの変更」をクリックすると、変更されて未処理伝票一覧が再表示されます。伝票のステータスが間違いなく変更されたことを確認します。

こうして、取引が続いていきます。ステータスは、もとに戻すこともできます。

間違いがあった場合はすみやかな対応が必要です。

変更したステータスは、相手側も同じように「未決済伝票（未処理）」一覧で見ることができますが、変更したことを、メールかメッセージで連絡するのが親切でしょう。

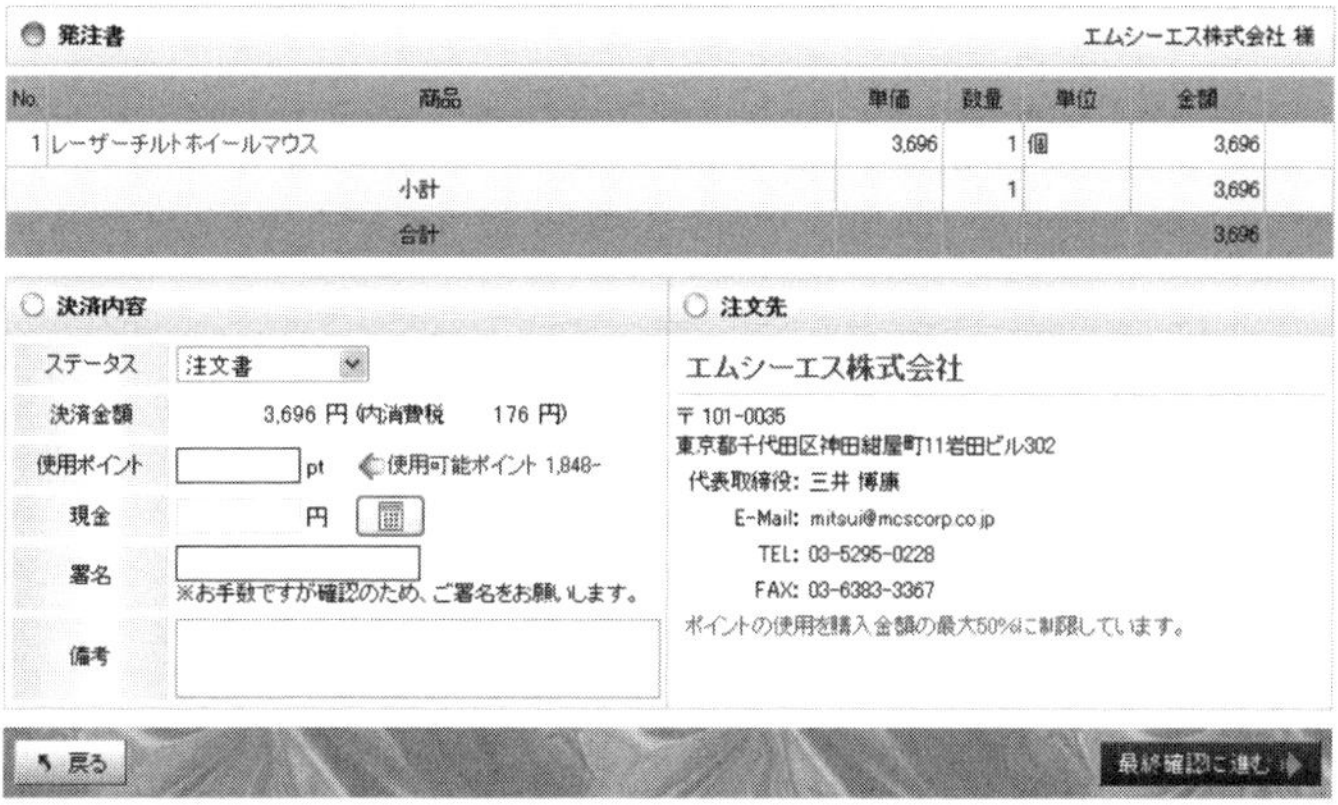

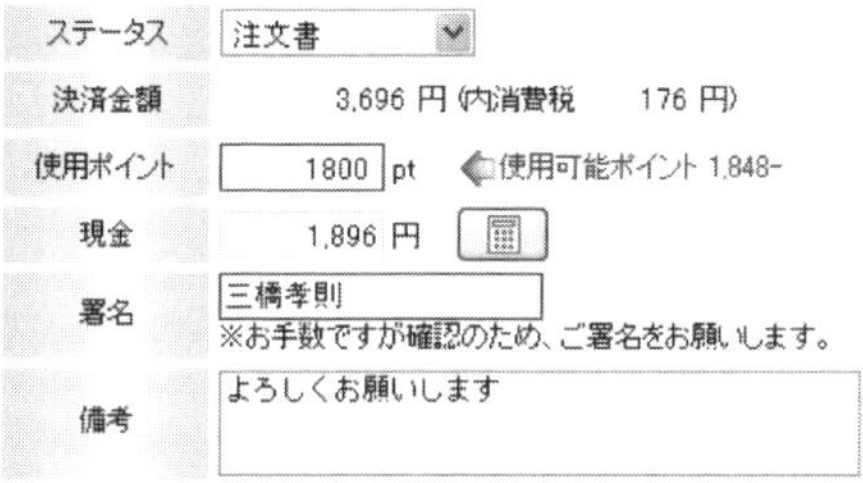

【取引決済方法（見積依頼／発注の方法）】

カートの一覧の下の「見積依頼／決済に進む」（青いボタン）をクリックして、カートの中のものを決済します。

このボタンをクリックしますと、上記の例のような画面となります。

ここで、先ずこの商品に「使用可能ポイント」があるかどうかを確認します。

上図の例ですと、3、696円の決済価格に対して1、848円までバーターポイントが使えるように設定されています。

全額バーターポイントで可能な商品もあれば、バーターポイントが30%までしか使えない商品もあり、いろいろな設定がされています。

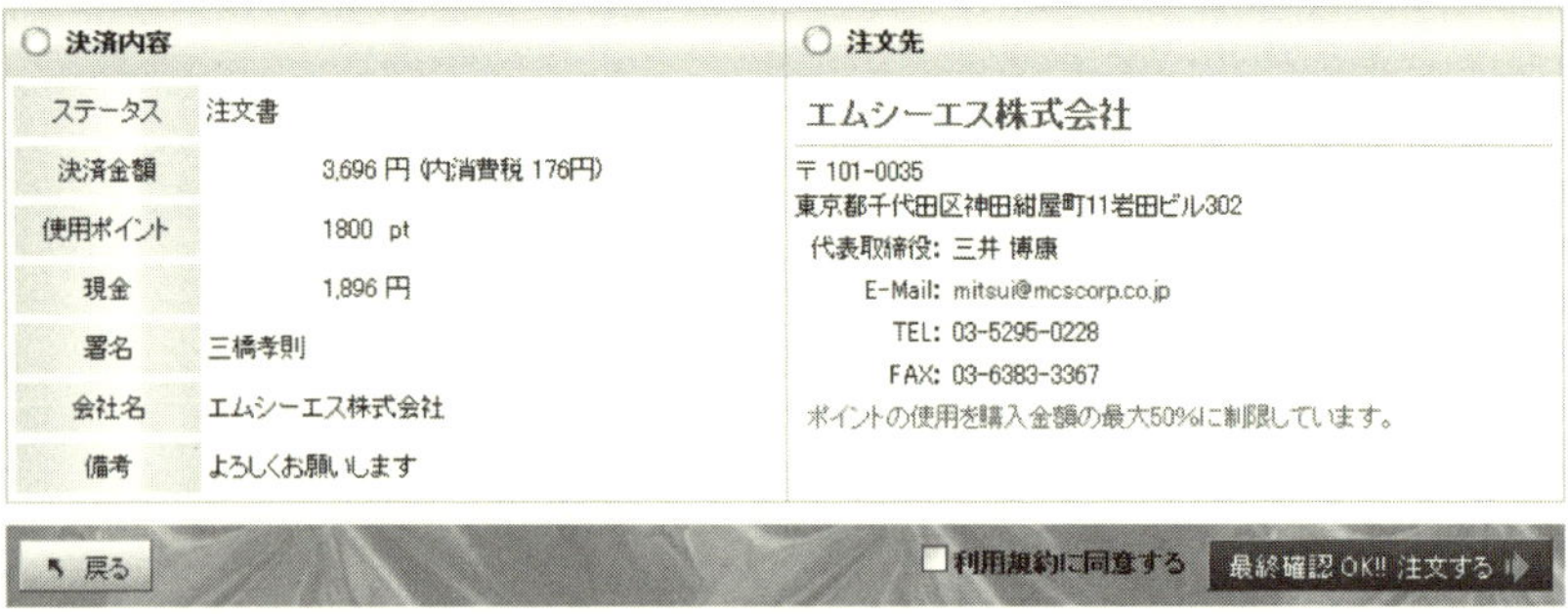

決済内容
ステータス 注文書
決済金額 3,696 円 (内消費税 176円)
使用ポイント 1800 pt
現金 1,896 円
署名 三橋孝則
会社名 エムシーエス株式会社
備考 よろしくお願いします
注文先
エムシーエス株式会社
〒 101-0035
東京都千代田区神田紺屋町11岩田ビル302
代表取締役: 三井 博康
E-Mail: mitsui@mcscorp.co.jp
TEL: 03-5295-0228
FAX: 03-6383-3367
ポイントの使用を購入金額の最大50%に制限しています。
戻る
利用規約に同意する
最終確認 OK!! 注文する

使用ポイントに、自身が使用するポイントを入力しますと、残りの金額（現金）が自動表示されます。

署名の欄には、自身の名前をフルネームで入力します。

備考の欄には、伝達事項等を入力します。特になければ空欄のままとします。

そして、「最終確認に進む」をクリックしますと、上の画像のように表示が変わります。

※見積依頼の場合は、詳細な情報を入力するか、メール／電話で詳細を連絡してもよいです。

青いボタンが「最終確認に進む」に変わります。

「利用規約に同意する」にチェックが必要です。トップメニューの中にある「利用規約」のボタンをクリックすると、利用規約を読むことができます。

チェックをしてから、「最終確認ＯＫ、注文する」をクリックします。確認ダイアログが出ますから、ＯＫをクリックすると、画面に完了

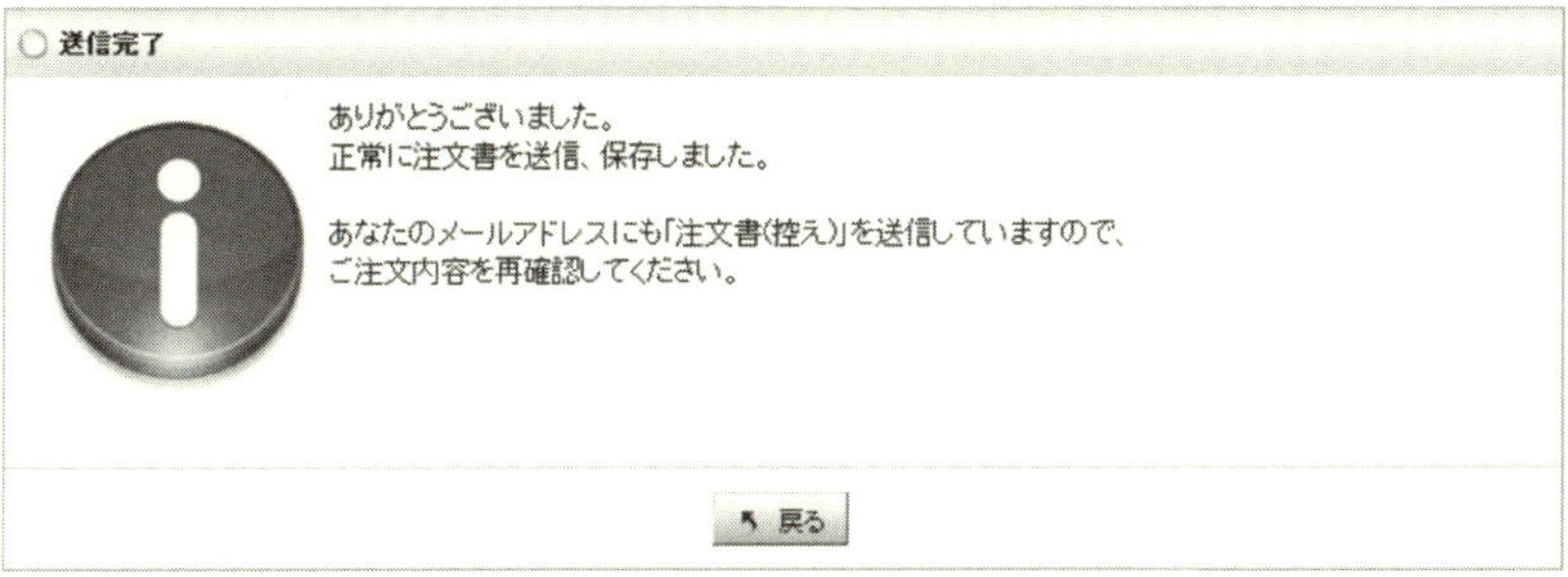
送信完了
ありがとうございました。
正常に注文書を送信、保存しました。
あなたのメールアドレスにも「注文書(控え)」を送信していますので、
ご注文内容を再確認してください。
戻る

メッセージが表示されます。

※見積依頼でも同様に注文すると表示されますが、そのまま進みます。

決済が終わりますと、カートの中は空っぽになります。

そして、マイメニュー側の「未決済伝票」の中に、発注した商品の一覧として掲載されます。

決済といっても、ここではまだ発注、または見積依頼したということです。実際のお金の決済は、商品が届いてからになります。もちろん、相手とのやり取りで変わることもあります（着手金など）。

ここで使われたバーターポイントは、発注先が商品を送付、または、サービスを行ったときにシステム上で引かれます。

以降、相手側企業が対応する度にメールが届くようになります。

複数の企業の商品を、まとめて購入することはできません。

このシステムでは、一社ごとに伝票を発行しています。もしカートの中に商品が残っていて、他の企業の買い物をしようとすると、次の画像

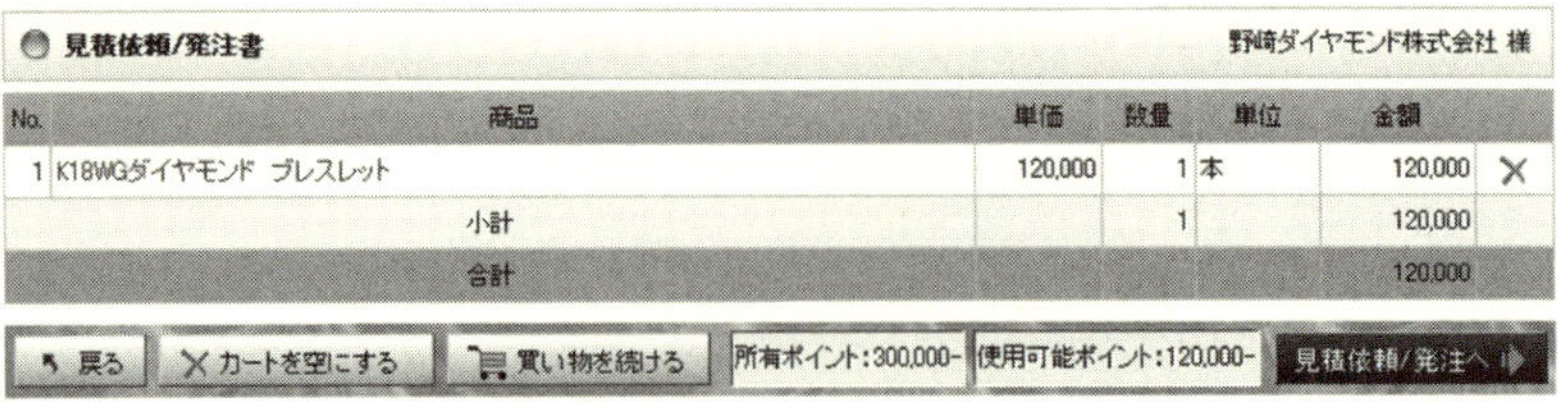

No.	商品	単価	数量	単位	金額	
1	K18WGダイヤモンド ブレスレット	120,000	1	本	120,000	×
	小計		1		120,000	
	合計				120,000	

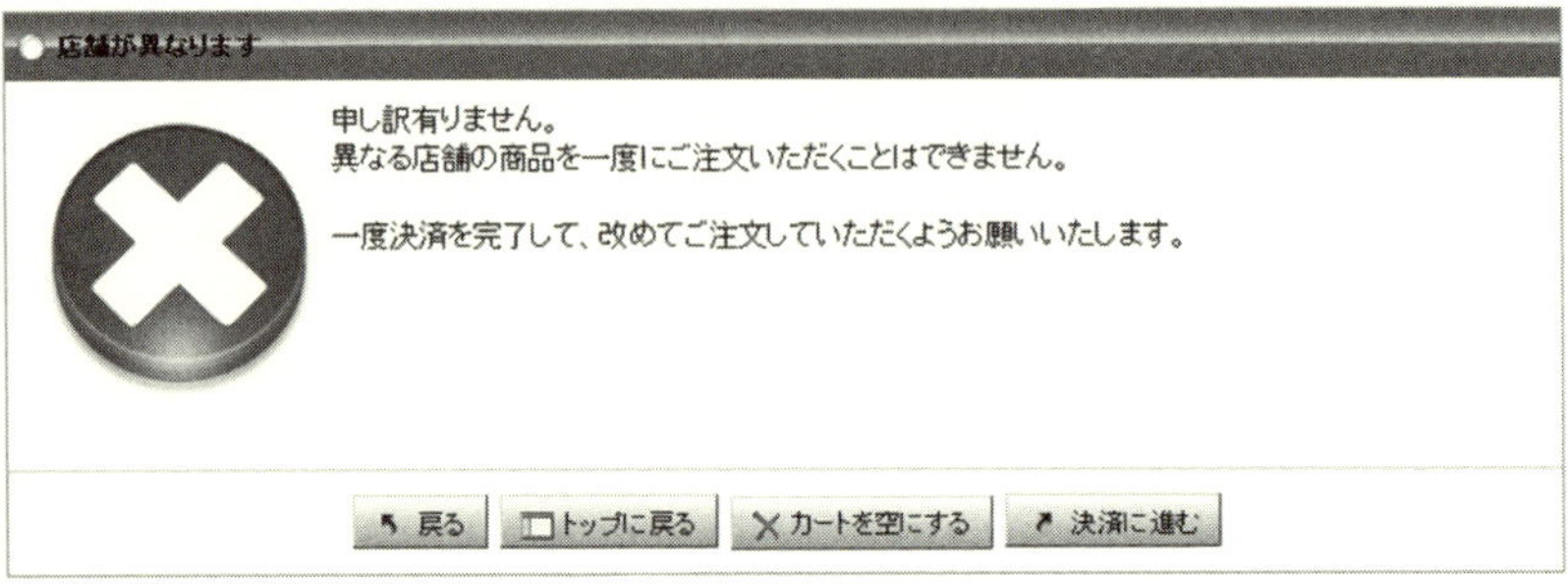

のようなメッセージが表示されます。

カートに残っている商品を空にするか、あるいは決済を済ませてから、もう一度買い物を行ってください。

さて、商品の購入であれば、前述の決済の流れでいいのですが、サービスになると他の手順が必要です。サービスの場合は、綿密な打ち合わせがいるからです。

この商品／サービス一覧に表示されている価格は、一般標準価格であることが多く、おおよその目安です。

この場合は、すぐの決済はできません。

決済の画面のステータスのプルダウンを使って「注文書」の部分を「見積り依頼書」に直します。

一覧に示された価格から、バーターポイントと現金の割合を決めますが、おおよその比率を提示するものと考えてください。

必要とするサービスを入力したメールを相手側に送り、メール送信済みと備考に書き添えておくと親切です。

または「メッセージを残す」というメニューを使って、連絡をとることも可能です。

サービスの場合、あるいは商品であっても特別注文、オーダーメイドなどの場合は、このような流れで取引が進みます。

サービスの内容、実施日、納期をどうするのか、詳細が決まるまでは打ち合わせや交渉が必要でしょう。

メールや、メッセージ、電話、面接や会議などで確認をしながら進めていきます。

この部分は、一般の仕事と同じです。バータージャパンは、最初のアプローチをお手伝いし、決済手段のご提供をしています。

価格や、納期、実施日などが決定したら、もう一度同じ商品／サービス一覧から、そのサービスを選択し、決済画面から「注文書」で発注します。

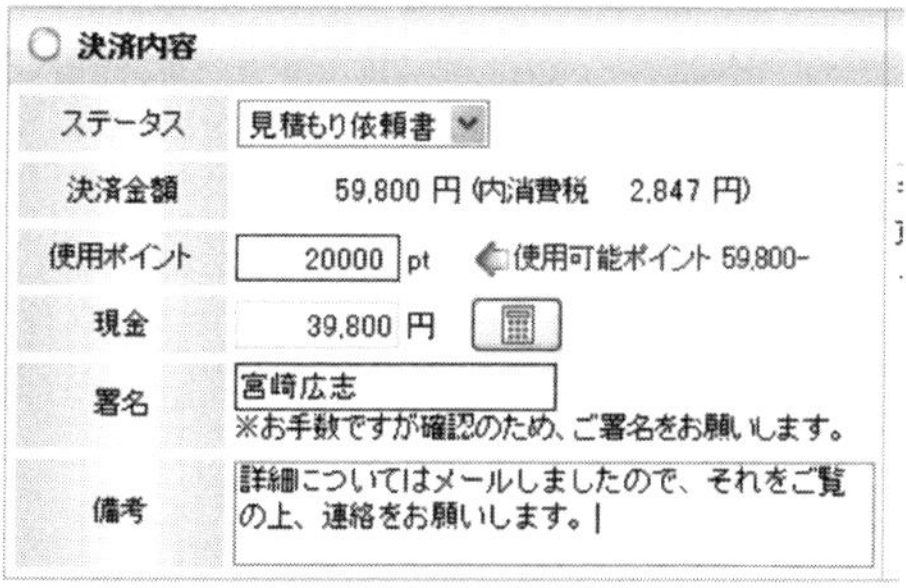

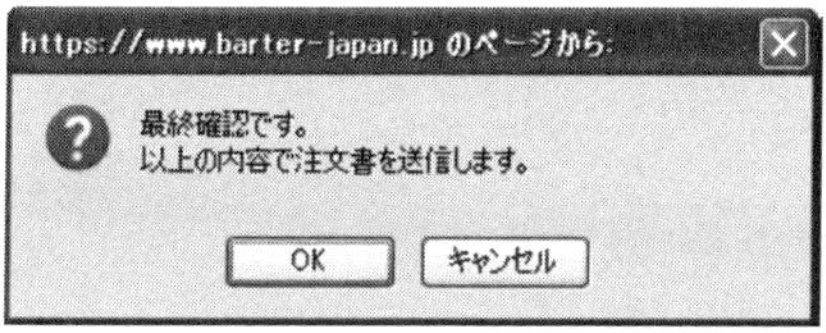

バーターポイントと現金の比率なども、事前に打ち合わせしておきます。

発注書の備考欄に、「何日の議事録（あるいはメール）で決まった価格」などの一文を付けると、取引がより円滑に進むでしょう。

［カレンダーの操作］

動作環境で、カレンダーを指定しますと、画面のサイドバーの中ほどに、上の画像のようなカレンダーが表示されます。

年、月は、操作している年と月を示し、日は、当日が四角い枠で囲まれています。

このカレンダーでは、スケジュール管理ができます。

スケジュールが発生した日をクリックしますと、次ページの画像のような書き込み画面が表示されます。

時間帯は、3種類が指定できます。

8時から18時まで、5時から21時まで、0時から23時まで、の3種類

です。

この画像は、8時から18時までを選択した画面です。

目的の時間の行にスケジュールを自由に書き込めます(文字情報のみ)。

書き込みが終わったら、「編集内容を保存」をクリックして終了します。

同年月日をクリックすれば、その情報が再表示されます。

このスケジュール管理は、あくまでも個人用のものです。

おわりに

「春風の　花を散らすと見る夢は　さめても胸のさわぐなりけり」西行

「世の中に　絶えて桜のなかりせば　春の心はのどけからまし」業平

　桜に因んだ和歌は多数あります。普段はあまり目立たない木が、春になると一斉に花を開かせ、見事に風景を変えます。

　そして、一週間もすると青葉だけを残して全て散っていきます。そんな儚《はかな》い花に日本人は古《いにしえ》から心惹かれてきたのでしょうか？　嬉しいことに忘れることなく、毎年季節になると見事な花を咲かせてくれます。

「願わくば　花の下にて春死なん　その如月《きさらぎ》の望月のころ」西行

「霞立つ　春の山辺に桜花　あかず散るとや　鶯の鳴く」詠み人しらず

満開からあっという間に葉桜に……。

でも、少し場所を移動して北に行くと、見頃のところがいっぱいあります。

いつかは桜前線を追いかけて、北上する旅をしてみたいものです。ついでに温泉旅行を兼ねて花見酒。

首都圏を出発して、北関東、福島県、東北と、ついでに北海道まで足を延ばして。日本の最北端まで桜を追いかけて、気が付いたらもう初夏。暑い都会を離れ、涼しくて自然いっぱいの北海道で過ごすことにしますか。

そしてやがて秋……。今度は紅葉を追いかけながらのんびりと南下することにしましょう。

「風かよう　寝覚めの袖の花の香に　枕の春の夜の夢」俊成女《しゅんぜいのむすめ》

いつの間にか晴耕雨読の暮らしにあこがれを持つ年になりましたが、そんな心穏やかな日々を過ごすことが果たしてできるのでしょうか。

この原稿を書き終わり、振り返ってみると、いかにたくさんの方々に支えられ、励まして頂いているのかがよくわかりました。自分一人の力では何もできないけれど、自分のやりたいことをやれるという幸せは何事にも代えられません。

改めて会員、役員、関係者の方々に厚くお礼申し上げます。

本書が中小企業・零細企業の経営者、個人事業主・地方生産者の方々の経営の一助となれば、これ以上の喜びはありません。

最後までお読み下さった読者の皆様、本当にありがとうございました。

苟（まこと）に日に新たに、日々に新たに、また日に新たなり。

著者紹介

野崎一文（のざきかずふみ）
バータージャパン株式会社代表取締役

1955年新潟県佐渡市生まれ。
東洋大学経営学部卒業
野崎ダイヤモンド株式会社代表取締役
米国宝石学会鑑定士（ＧＩＡ Ｇ．Ｇ）
http://www.barter-japan.jp/
https://www.facebook.com/barter.japan

あなたの会社《かいしゃ》を一瞬《いっしゅん》で
“売《う》れる会社《かいしゃ》”に変《か》える
バーター取引《とりひき》のすすめ

野崎《のざき》一文《かずふみ》

明窓出版

平成二五年十一月二十日初刷発行

発行者 ── 増本 利博

発行所 ── 明窓出版株式会社

〒一六四─〇〇一二
東京都中野区本町六─二七─一三
電話 （〇三）三三八〇─八三〇三
FAX （〇三）三三八〇─六四二四
振替 〇〇一六〇─一─一九二七六六

印刷所 ── 株式会社昇文堂

ISBN978-4-89634-337-3
ホームページ http://meisou.com

病院にかからない健康法

ドクター・ベンジャミン鈴木

著者は、西洋医学や現代栄養学の間違いを正確に指摘している。ロスチャイルドとロックフェラーによる世界支配と日本支配、そして人類の人口削減計画に沿って、医学においては、治療薬が病気の原因になっている日本の現状をよく捉えている。このことはＷＨＯの予防接種が行われた地域とエイズ患者が多い地域とが正確に一致している事実とよく似ている。外国資本の利益のために、厚生省は非加熱製剤の輸入を続け、日本国民が犠牲になった経緯がある。今日あらゆる製品に石油化学合成物質が入り込んでいるのは、石油利権の利益になるからであろう。

子供をアレルギーにした牛乳／アガリクス発ガン物質説／増える「カビ症候群」／あらゆる病気の原因は活性酸素にある／日本の最後の日／日本の腐敗は止まらない／運勢はミネラルで変えられる／死は腸から始まる／ミネラル・バランスは生命の基本／すべての病気は腸から始まる／食事の改善と工夫／糖尿病と診断されて／50歳を越したら知っておきたい「過酸化脂質」／過酸化脂質～ガンを解くキーワード／生命を作り出すプロセスに「薬」は介在しない／糖尿病のためのサプリメント／恐ろしいファーストフード（他）

定価1365円